知ってるつもりのコーチング

苦手意識がなくなる前向き生徒指導

片山紀子 編著　原田かおる 著

はじめに

みなさん、日々の生徒指導はうまくいっていますか？ 学校生活では様々なことが毎日起こりますね。昨日と今日は、少しずつ違っていて、楽しく子どもを認めてあげられる時もあれば、叱ったり、注意を促したりしなくてはならないこともあるでしょう。うまく子どもに響く時もあれば、無視されたり、反発されたりすることもあって、毎日が奮闘の連続ではないかと想像します。

子どもは大人と違って、発達の途中にいます。まだ自立へ向かっている最中であり、迷いも多いものです。あるいは、迷っているのにそのことにすら気づかず、不機嫌な態度をとったり、自信をなくしたりしていることも珍しくありません。先生の注意に反発したり、無視したりするのも、発達段階を考えればごくごく当たり前のことであって、何も特別なことではありません。

ただ、その原因がもしかしたら先生の側にあるかもしれないのです。例えば、先生の注意の仕方や声のかけ方が、子どもからするとちょっと反発したい欲求に駆られるものであることがあるのです。先生自身は意識していないのですが、いわゆる上から目線で、一方的なものになっていることがあります。

先生としては、一生懸命に指導しているつもりなので、気づくことはあまりないと思います。せっかく時間を割いて指導しているのに、そんな態度を取られるとがっかりですね。そこで、最近注目されるようになってきたのが**コーチング**です。コーチングは、先生が指示したり命令したりして一方的に指導することではありません。

子ども自身に考えさせて、子どもが自分で判断し、自立して生きていくことを後押ししていくものです。そのコーチングを「生徒指導に役立ててみませんか?」というのが本書の提案です。

一般に、生徒指導でよくありがちな場面は、子どもたちのあそこがダメだとか、あるいはここがダメといった一方的な指導です。筆者(片山)は、長年体罰や生徒懲戒に関する研究を行いながら、どうしたら子どもに指導がより伝わるのかを考え続けてきました。そんな時、出会うべくしてふとコーチングに出会ったのです。

体罰を行使することによる弊害は、信頼関係を阻害し、安全や安心を保障できない点にありますが、最も大きな弊害は、子どもから考えることを奪っていることだと筆者は考えています。

ここらで生徒指導のイメージを大きく変えてみませんか？ これまでのように子どもを上から一方的に指導するイメージではなく、子ども自身に考えさせるものに。

子どもたちを自立に導くために、コーチングの解決志向的なアプローチの仕方をぜひ活かしていただきたいというのが私たちの強い願いです。子どもたちを自立に導くことができるのは、日々生徒指導を行っている先生方なのです。

私たちは、何も厳しく叱ることを全部否定しているわけではありません。学校では、教師としてあるいは人として、許されないことは許されないと言わなくてはいけないこともたくさんあります。ただ、そこにコーチングの要素も取り込んでみてはいかがでしょう。きっと、子どもにとってだけでなく、先生方にとっても有益で、指導の幅がグンと広がると思います。コーチングを学んで活用すれば、授業も生徒指導もぐっと楽になるはずです。

近年、コーチングに興味をもってくださる方も増えましたが、学校という場に適したコーチングの本がなかなかないと先生方からよく聞きます。企業内で上司が部下に、スポーツの監督が選手に、あるいは保護者が子育てに、といったコーチングの本は見かけるのですが、先生方が学校において生徒指導や授業で使おうと思っても適したものがない、特に集団指導をする場面の多い学校で使うには、ちょっとイメージが違うというのです。

そこで本書では、学校の日常的な場面を想定しながら、**個別指導や集団指導のアプローチの仕方についてわかりやすく示してみました。**子どもを指導するのに、こうすればよいという正解はありませんが、生徒指導にもそして授業にも、きっとヒントがあると信じています。

2017年4月　片山紀子

目次

第2章 コーチングを学んでみよう

第4章 集団指導を意識したコーチング

第1章

生徒指導にコーチングを取り入れよう

1 あるあるこんな場面

(1) 一方的に説教していていやな自分

黙りこくった子どもたちの前で、一方的に説教してしまう自分が本当にいやになります。学級で何か問題があった時や、部活指導でもやってしまうんです。

「なんで練習した通りにやれないんだ！」
「あそこはこうやれって言っただろ?!」

自分としては、生じた問題や負けた原因を分析して、頭の中で考察しているつもりです。でも、聞かされる子どもたちは、私に気を遣っているのがわかりますし、退屈そうでもあります。「早く終わってくれないかな〜っ」て、心中で念じているだけのような気もします。そんな姿が頭に残り、いつも自己嫌悪に陥ってしまいます。

（２）感情的になっていて恥ずかしい自分

自分でもわかっているんですが、怒ると激昂してしまうんです。大きな声で叱ってしまうんです。感情的になってしまって、よくないなあと実は感じているんですが。

「前も言っただろ？　どうしてできないんだ！」

「同じことを何度言わせたら気が済むんだ！」

体罰は禁じられているので、手を出すことはありませんが、気持ちの上では手をあげたいくらいに感情的になってしまっている自分がいて、怖くなることがあります。大きな声で怒鳴ってしまうので、最近は子どもたちもそばに寄ってこなくなりました。授業中も笑い声などなく、し～んとした授業になっています。なんとかしたいなぁとは思うのですが……。なかなか自分を変えることが難しくて、落ち込みます。

（3）淡々と形式的に説諭する空しい自分

伝えなくてはならないことを淡々と子どもたちに向かって説諭する自分がいます。職業的に、伝えることは伝えたぞ！という気持ちでやっていますが、子どもたちの心にはちっとも落ちない説諭になってしまっているようです。

「今度からは○○したりしないように。いいね」

落ち度はないと思うのですが、毎回同じような言い方ですし、子どもの変容も見られません。彼らは繰り返し同じ過ちをしてくるんです。

どうせ説諭するなら、子どものたちの心に落ちたほうがいいのに……とは思うのですが、なかなかできません。空しくなるばかりなのですが、一体、どうしたら子どもの心を揺さぶることができるのか、子どもの心に落ち納得してもらえるのか、悩んでいます。

2 なぜ生徒指導がうまくいかないのか？

子どもたちの日常は、小さな過ちだったり、小さな迷いだったりが、積み重なった日々です。そんな時、大きな声で感情的になって叱ったり、怖い顔で威嚇したりしていませんか？ そこまではないにしても、つっけんどんな言い方をしたり……。そんなこともよくあると思います。

でも、先生だって本当は子どもの時、いろいろ間違ったことをしたり、叱られるようなこともやってみたりしたはずです。

筆者（片山）は、小学生の頃、福岡の筑後川の近くに住んでいました。男の子に生まれたほうがよかったようなわんぱく少女で、友達と二人で、泊めてあった小舟を勝手に操作し、数十メートルは川幅のある川の向こうの岸まで渡ったことがあります。小舟は竿で操作するもので、誰にも言わず、小学生二人で漕いで渡り、小舟を泊めて近くで遊び、夕方また戻ってきたのです。その後、住民からだったか舟の持ち主からだったのかは覚えていませんが通報され、大目玉をくらったことがあります。

今考えると、とても危険な行為です。川の流量によっては、さらに怖い行いだったことでしょう。振り返っても、命の大事さなどちっとも気にとめず、冒険心がそれを凌駕していました。今となっては、そんな自分に驚きます。それと同時に、大人になった今は、それが「子ども」なんだろうなと思います。

本来、生徒指導は子どもの自立を促すためのものです。子どもの将来を見据えながら、現時点の子どもに向き合い、指導を行うものです。

ところが、モグラたたきのように表面的にダメなところを指摘するだけで、その先を見据えた指導になっていないことが多く、気になります。

先の例で言えば、勝手に子どもだけで舟に乗ったことだけを叱られていたとしたら、あまり筆者の心には落ちていなかったかもしれません。筆者の場合、その先、どんな人生を生きたいのか？　といったような質問が先生からいくつかなされ、その質問によって初めて、自分でしっかりと自分のしたことや将来を考えた記憶があるのです。当時の先生は意識していなかったのでしょうが、あれがコーチングだったのでしょう。

子どもの今のダメな点だけに目を向けるのではなく、将来を見据えて、その子の自立を目指した指導を行うとすれば、自ずとその方法が異なってくるように思うのです。そして、それが本来の生徒指導なのではないでしょうか。

指導がうまくいかず、子どもの心に落ちていかない理由は、**ズバリ先生の生徒指導が自己満足に終わっているからです。自分の思いを子どもに伝えるだけで満足し、そこで終わっていて、子どもの自立を目指していないからなのです。**

3 生徒指導のイメージをガラリと変える！

自分では気がつかなくても、教師という職業に就くと、どうしてもいろいろと子どもに対して言わないと気が済まない、そんな傾向性を身につけてしまいます。校内のあちこちで一方的に子どもに説教し続けている先生の姿をよく見かけますが、冷静に振り返ってみていかがでしょうか？

説教自体、悪いことではありませんし、必要な時ももちろんあります。ただ、学校現場で身に付けた指導の仕方が、強圧的なものに傾いていることが多いのです。大きな声を出しているかどうかはともかく、命令や指示に近い指導のスタイルになっていることがあって、とても気になります。

そうした際の子どもたちの反応を見ていると、納得はしていないものの、早く説教が終わってほしくて、とりあえずうなずいているといった様子です。

とはいえ、たとえ先生が一方的に子どもを指導するにしても、多くのエネルギーを費やしてしまいます。せっかく多くのエネルギーを費やすのに、あまり実を結ばないとすれば、それって、もったいないと思いませんか？　生徒指導をもっとクリエイティブに、そして充実感を持ってできたらいいなと思いませんか？

物事を見る時に、例えば同じ現象を見ていたとしても、それをどのように見るかは人によって違います。前提としてそれぞれが持っている認識、すなわち、かけているレンズのようなものが異なるからです。このため問題を解決しようとする時のモデルも異なります。

こうした解決のモデルをメンタルモデルというのですが、**ここらあたりで、生徒指導のメンタルモデルをガラリと変えてみませんか？　教師が一方的に指導する生徒指導のメンタルモデルから、子どもが自分で考え、解決し、自立するのを先生が手助けするというメンタルモデルに。**

4 頭ごなしに叱るよりもコーチングが有効

叱ることは、教育には不可欠です。子どもの誤った行為を見過ごして何も指導しないことは、教育に携わるものとして解せません。叱ることあるいは指導すること自体は、教育の場では欠かせないのです。ただ、どうやって叱ったらよいのか悩む先生も多いのではないでしょうか？

感情的になって厳しい指導をしてしまう極端な例が、**体罰**です。自分をメタ認知（俯瞰）することができず、我を忘れて、自分の言うことをきくようにしたいという一心で、手が出てしまうのです。

この時代、体罰が許されないことは教職員であればみんな知っています。2013年3月に文部科学省から「体罰の禁止及び児童生徒理解に基づく指導の徹底について」という通知も出され、体罰の禁止については、より徹底されるようになりました。

しかしながら、体罰に至らなくとも、怒鳴りながら叱る、頭ごなしに叱る、こんな光景はよく見受けられます。もちろん、子どもの誤った行為を見過ごさず、指導を加えている点では立派だと思いますし、その点は評価しなくてはなりませんが。

そうした指導を受ける子どもたちは、その場が早く終わってほしいので、先生の言うことを聞きます。したがって、短いスパンで見た時にはとても有効な指導法で、周りの子に知らしめる「見せしめの効果」も十分にあります。でも、長い目で見た時、有効なのでしょうか？　自尊心ややる気といった点からはどうなのでしょうか？

怒鳴りながら頭ごなしに叱る先生に話を聞いたことがあります。なぜそういう叱り方なのかを。その先生曰く、「体罰はしてはいけないのでしないけど、目の前で起こった事態を改善させ、子どもを変えたいと強く思うんです。叱らなければ彼らは何をするかわからないし、きちんと言ってあげないと、もっと悪いことになりそうで」と。つまり、熱意から生じている指導であって、決して悪意からではないのです。

もちろん、子どもの命にかかわるような切迫した場合は、一刻を争いますし、大きな声で怒鳴りながら叱る、頭ごなしに叱ることが必要な時もあって、一律に悪いということではありません。

ただ、根本的な構え（スタンス）が間違っていたことに、のちに本人も気づくのです。「（自分の指導は）子どもに恐怖心を与えてなんとか事態を改善させようというものであり、本質的には体罰と同じではないのかとも考えてしまいます」と。

事実、誤った行為をとがめる際、規則の指導をする際、あるいはなぜそのことをやらなければならないかを説明する際に、先生としては押し付けているつもりはないのに、子どものほうからすると、上から押し付けられているように感じることも少なくありません。子どもに指導するのはなかなか難しいですね。

コーチングとは、子どもに問いかけ、それに対して子どもが自ら考え、解を見出していく、解決志向的なアプローチのことです。実は、子どもに問いかけをし子どもに考えることをさせていけば、子どもは自ら変わるんです。先生の思い通りに変わるのではありません。子どもが自分で考えて、自らが気づいて解を見つけ、解決していくので、自ずと変わっていけるのです。

急にうまい指導ができるようになるとは思えませんし、その時点では行った指導が正しいかどうかも判断が難しいところですが、「落ち着いた態度でじっくり話をし、ゆっくりと時間をかけながら子どもが納得したり解決したりするそのプロセスを手助けする力量」をつけるために、**コーチングは生徒指導の有効な手段の一つになると考えています。**

5 生徒指導の構え（スタンス）を整える

一方的にガミガミ言うだけが生徒指導ではないことは、少しわかっていただけたでしょうか？　かつて法で禁止されながらも黙認され、生徒指導の中でこれまで使われることのあった体罰を例にあげると、体罰を受けた子どもは、黙って先生の言うことを聞くだけで、考えることはしていません。子どもは体罰によって自信をつけるどころか、自己防衛に走り、自己肯定感の低い状態に置かれます。その後の行動は、一見、改善されたように見えますが、実は自らの意思で行動しているわけではなく、怖い先生の目、すなわち他者の目を意識して行動しているだけなのです。

教師が一方的に指導すれば、黙って子どもが言うことを聞く。そんな時代では、既にありません。といっても、熱心に説諭するだけでもこれまたダメですね。なかなか心に落ちないんです。

コーチングでは、基本原理に基づき子どもが自分で考えることを重視するので、子どもはコーチ（先生）に問われながら自分で考え、自分で自分を変えていくことができます。**コーチという他者の力を借りながらも、「自分で考える」ことに、意味がある**のです。先生が、メンタルモデルを変えて、構え（スタンス）さえ整えればそんなに難しいことではありません。

筆者も、他の人から厳しく「あなたの授業は下手だ。なんとかしろ！」と言われたら、唖然としてしまうでしょう。それだけでなく怒りさえ覚えてしまうかもしれません。筆者の場合、授業が下手なのは当たっているかもしれませんが、とはいえ受け入れる気持ちにはなかなかなれないでしょう。内心「もっと授業が上手になりたいなぁ」と思っていたとしても、指摘した人の思惑通りにサクサクと動けそうにはありませんね。大人ですらそうなのです。

コーチングは、大人の思い通りに子どもをコントロールすることではありません。子どもを鋳型にはめることでも、教師の望む姿に子どもを持っていくために用いるものでもありません。**あくまでも、子ども本人が「そうだったのか……」と気づき、子どもが自立して自らの意思で進みたい道に進めるよう導いていくことを目指すのがコーチングです**。その構え（スタンス）を整えることが、まず大事なのです。

6 ティーチングやカウンセリングとは違う

随分前から、先生方にもカウンセリング・マインドと呼ばれるものが必要だと言われるようになりました。カウンセリング・マインドとは、ロジャースの来談者中心療法（非指示的療法）に由来するもので、子どもの気持ちに共感しながら、関心を持って話を聴くという、その姿勢を言います。

先生はカウンセラーではないのですが、カウンセラーに見るような共感的姿勢が必要だと言われるようになったのです。しかしながら、そもそも、先生とカウンセラーでは、その特性が根本的に異なります。カウンセラーの仕事はカウンセリングで、相談者に対し、その人の立場を十分に理解し、彼らに共感するかかわり方を重視します。

しかし、先生はカウンセラーのようにばかりはいられません。先生が無理をしてカウンセラーのように接しようとすると、目の前にいる子どもに対して思ったり感じたり考えたことを心の中で押し殺そうとしてしまい、なかなか伝わりません。

先生がカウンセリングばかりを重視して指導すると、子どもの側からしても先生の思いを感じ取ることができず、がっかりしたり、傷ついたりしてしまうのです。

これまでの教師の仕事というものは、教師が既に知っていることを子どもに伝えていく**ティーチング**の仕事が中心でした。やり方や答えは既に教師の中にあって、それをいかに上手に伝えられるかが求められたのです。

つまり、**既にある解（答え）に向かって、子どもを引っ張り、導いていくのがティーチング**であって、それが一般に教師の役割だとされてきました。

ちなみに、「教育」は英語で言うと education で、educate（教える）というラテン語の本来の意味は「引き出す」であると言われています。そこには「鋳型にはめる」という意味もあるそうです。つまり、ある決まった型にはめるという側面もあるというのです。

先生が勉強を教える場面を想像してみましょう。**教師の職にある人は、自身が勉強が得意だっただけに、自分のたどってきたやり方を最善のものだと自負し、子どもを**

ある決まった型にはめ込もうとしてはいないでしょうか？

　でも、これはある意味自然なことなのかもしれません。おそらくそのほうが教師という職を全うしようとする際、単純に行いやすいのだと思います。こうして、ティーチングの色合いがより一層強まっていくことになるのでしょう。

　とはいえ、情報化やグローバル化が進む今日、既に解（答え）が明確にある時代ではなくなりつつあることは、みなさんも感じているところではないでしょうか。そうしたことを考慮すればこれからの時代、先生の仕事はティーチングだけで事足りるとは思えません。

　伊藤らは、ガルウェイの記した『インナーゲーム』の事例を用いて次のように説明しています。ある時、ガルウェイが、テニスのコーチの数が足りなくなって、スキーのコーチにテニスのコーチをするようお願いしたそうです。

　ただし、スキーのコーチがラケットを持つと、テニスができないことが子どもたちにばれてしまいますから、ばれないようにラケットを持たずに指導してもらったそうです。そうすると、スキーのコーチが教えた子どもたちは、驚くほどテニスの腕前を上げたというのです。

なぜそうなったかについて伊藤らは、コーチがコンテンツやコツを教え込むよりも、適切な指摘をしてうまく導いていくことで、子どもたちの力を伸ばすことができたのではないかと言っています。さらには、コミュニケーションを通して相手に考えさせ、相手の能力を引き出し、高めていくコーチングの方法をとったことにも言及しました。教えるプロセスで、子どもに肯定質問をし、子ども自身に考えさせていたのです（もちろんコーチングだけを行ったとは考えにくく、それ以前の指導でティーチングが組み込まれていたこともあるのでしょうが）。

コーチングでは、コーチングの基本原理に基づき子どもが自分で考えることを重視しますので、**子どもはコーチに問われながら自分で考え、自分で自分を変えていくことができます。コーチ（先生）という他者の力を借りながらも、「自分で考える」ということに、意味があるのです。**

7 子どもが自立する

現代は、知識基盤社会と言われます。そうした社会は人生をいろいろと選択できたり、便利にしたりはしますが、曖昧でハイリスクな社会でもあります。刻々と変化する知識基盤社会の中では、誰かに教わったことを直接活用するよりもむしろ、教わったことを組み合わせながら考えたり、あるいは教わったことの先を創造的に考えたりしなくてはいけません。

情報化やグローバル化が加速すればするほど、多様な人々が、意見を持ち寄り、新たな考えを見出す力が求められます。**それゆえ、積極的に多様な人とかかわって、その瞬間、瞬間で、自分で考えて判断し、解（答え）を自ら見つけることをしなくてはならないのです。**

今の子どもたちは、SNS等に自分の意見を書き込んだりすることは抵抗なく行いますが、人前では周りに気を使い、なかなか自分の意見を言おうとしない傾向にあります。でも、自分の気持ちをうまく表現できないと、周りの人からフィードバックしてもらえないため、自分がどういう人間なのかが見えにくくなります。つまり、ジョハリの窓でいう開放の窓が狭いことになります。そうなると、人とうまくかかわれず、極端な場合は引きこもって、親にパラサイト（寄生）して生きるなど、自立できなくなるのです。

しかし、これからの時代は、各自が自立していかないと、社会保障の年金や福祉の問題を含めてより厳しくなることが予測されていますし、会社や国が守ってくれるなどといったことも期待できないでしょうから、自己責任の度合いも増すと思われます。**より一層自分で考え、自分の足で生きていくことを迫られているのです。**

そのためには、コーチングのプロセスで、子どもに自由を保障しなくてはなりません。子どもが自由に選択したり、自由に考えを述べたりできることが不可欠で、自由が保障されていないところではコーチングは成立しませんし、子どもも自立できません。

8 どんな場面でも使える

コーチングが活用できる場面は、学校生活の至るところにあります。問題行動が起こった時にも使えますが、それだけでなく、本人がちょっと困りを抱えている場面、あるいは通常の授業や学級や部活動といった集団を目標に向かって率いていくような場面でも用いることができます。

具体的には、日常の学校生活の場で起こる小さな出来事、例えば宿題の提出が遅れがち、忘れ物がなんとなく目立つ、掃除が上手にできない、服装が乱れがち、遅刻しがち、友達となんとなくうまくかかわれない、といった個別的な指導にもつかえますし、学級内がぎくしゃくしているといった集団指導の場面にも使えます。つまり、いつでもどこでも使えるのです。

コーチングでは、教師（コーチ）が、子どもの話を傾聴し、子どもを承認し、子どもに質問していきます。それによって、子どもに考えさせ、子どもに自分で解を選択してもらったり、見つけてもらったりするのが、コーチングです。コーチングの理論と技法を少しでも知っていて、それが使えれば、先生方の子どもへの返し方は、大きく異なってくるはずです。

その効果がわかりやすく表れるのが、おそらくアクティブラーニングを重視した授業でしょう。**アクティブラーニングによる授業とコーチングは、子どもが主体である点で同じです。教師が指示をするのではなく、教師の問いかけによって子どもの思考が促される点で共通しています。**

そのため、コーチングもアクティブラーニングも先生の構え（スタンス）が基本的に同じなのです。コーチングを活用すれば、アクティブラーニングも、スムーズにいくはずです。

9 コーチングで、こんないいことがある

コーチングをうまく使うことができれば、子どもは自ら変わります。先生の思い通りになるという意味ではなく、子どもが自立して生きていけるようになるのです。

ある学生の話です。

その学生は、勉強がよくできて、人柄もよい学生でしたが、いつも自信がなく、肝心なところで、あるいは大事な場面でなぜかうまくいかないのです。例えば、教育実習の研究授業でもふがいない授業をして、指導教官からがっかりされますし、大学の大事な発表会の場でも何が言いたいのかわからない発表をしてしまいます。その際の落ち込みようは見ていて耐え難いほどでした。

そんなことが続く中、なんとなく私の研究室へ来て、遠まわしに自信のなさを訴えました。きっと不安で仕方がなかったのでしょう。

そこで、まず話をしに来たこと自体を認めました。「不安だったのね。よくここに

きて話をしてくれたね」と。実は、相談に来ている時点で、変わりたいという意志が既にあるので、そのことを、まずは承認したいと思ったのです。

その後は、次章以下で後述するようなコーチングの手法に則って、彼の話を傾聴し続けました。彼が私の研究室を訪問すること数回。彼は自分で気づいたのです。

「僕は、いつもいいカッコしたいだけの人間で、勇気がありませんでした。そのことに気づきました。とにかく今の自分がしんどいんです。本当の自分は、失敗してもいいからもっと笑って堂々と人と交流してみたいんです。とりあえず、人に自分のことをわかってもらうのが先なので、声をかけて周りの友達に話しかけてみます」と。

そこから先の彼の変化は、著しいものがありました。今では自信を持って人前で話すことができています。自分で気づけば、あとはもうトントン拍子ですね。「コーチングで、こんないいことがある」とは、そんな風に変わっていく子どもの姿を間近で見られることです。教師冥利に尽きるものであり、教師という職業を選択した人は、そんな子どもの姿が見たくて教師になったんだろうなと思います。

旧来の生徒指導のイメージ

コーチングによる新しい生徒指導のイメージ

第2章

コーチングを学んでみよう

1 構え（スタンス）

（1）コーチングが機能するための構え（スタンス）

コーチングのスキルを学ぶ前に、みなさんに必ず理解して心に落とし込んでいただきたいと考えているとても大切なことがあります。それが3つの構え（スタンス）です。

3つの構え

①その人に必要な答えと、それを解決するための能力は、既にその人に備わっている。

②どんな状況にも、解決の芽は既にある。

③それを引き出すためのコミュニケーションスタイルは「問いかけ」である。

①その人に必要な答えと、それを解決するための能力は、既にその人に備わっている。

1つ目に、コーチングではどんな場合でも答えはその人が持っているということを基本にします。ところが、とかく子どもが困っていたり、悩んでいたりすると、私たちは、つい教えてあげようとして自分がしゃべってしまうのです。でも、どんなにすばらしいアドバイスも、その子にとって役に立つとは限りません。価値観が違うものを押し付けられてもモチベーションは上がらないのです。**子ども自身が自分のできることの中から、自分で選び、行動することが大切なのです。**

問題を抱えて悩んでいる子どもを目の前にして、「この子は自分で答えを出して、行動できる子だ」と信じるか、「私が助けてあげなくては何もできない子だ」と思うかの違いがその後のコミュニケーションを大きく変えます。「目の前にいる子どもは必ず自分で最適の答えを見つけ出せる」と信じていたら、私たちの行動は変わるはずです。既に答えを持っている人に、自分の答えを押し付けようとはしないでしょう。

子どもは、自分がベストな答えを持っていることに気づいていないだけなのです。

それまで、「こうしなさい」「ああしなさい」と指示され、それ以外の体験が乏しい子どもにとっては、自由に自分で考えて、自分の答えを出すという選択肢自体がなかったのだと思います。

子どもは問われて自分の考えを求められても、すぐに答えられないでしょう。「わからない」というのが最初の答えかもしれません。人の習慣を変え、育てるには時間がかかります。忍耐強く対応するしかないのです。子どもも、自分を信じて忍耐強く問いかけてくれる大人には心を開き、信頼感を深めてくれます。先生は「あなたの話を聞く準備はいつでもできていますよ」というメッセージを伝え続けてください。

②どんな状況にも、解決の芽は既にある。

2つ目の「解決の芽」とは、問題を解決するために既にできていること、あるいは既に持っている強みのことです。人が「問題を抱えている」と感じる時、ほとんどの人にとって、目の前の出来事は100パーセント困った問題だと捉える傾向があります。

以下の話は、授業中にいつも人一倍時間がかかる子がいて、その子どもにいつもイライラしながら対応していた先生の例です。

その子は、板書を写すのにいつも時間がかかって、授業時間内に最後まで板書を写し終えられない状況でした。「もっと早くしなさい」が先生の口癖です。子どもの作業がなぜ遅いのか、先生に尋ねたところ、「一人だけに構っていられないじゃないですか。はっきりわかりませんが、とにかく書くのが遅いのです」ということでした。そこで、先生に少し丁寧にその子を観察していただくようにお願いしました。

2週間後、観察の結果を伺うことになりました。先生も時間がかかる理由がはっきりわかって少し興奮気味に説明されていました。その子どもの行動はこうでした。鉛筆で先生の板書を写す。間違った時は、筆箱のファスナーを開けて消しゴムを出す。間違えた文字を消す。消しゴムを筆箱に戻しファスナーを閉める。鉛筆で書く、少し書いたら、間違っていないか眺める。間違えたら同じ動作を続ける。こんな風にして書き間違えるたびに筆箱から消しゴムを出したり戻したりしていたそうです。

しかし、その子の作業に時間がかかるのはそれだけではなく、文字の止めや払いも間違いなく、一字一字丁寧に書いていたそうです。つまり、何から何まで、すべて丁寧過ぎるほどの作業だったのです。

授業中にやるべきことをキチンと終えることができないのは困ります。だからといって、作業を早く終わらせることだけに焦点を当てて、その子どもの行動をすべて否定してしまうとどうなるでしょうか？ きっと「丁寧に」ということを大事にして行動している子どもの意欲をつぶしてしまいます。「丁寧さ」は、うまく伸ばせば、将来その子どもの「強み」になります。ですから、その子どもの意欲を失わせないで、他の改善できる点をコーチングしていく必要があるのです。それによって、子どものやる気を引き出すことができます。子どもにとってゼロから、あるいはマイナスからのやり直しではなく、1つでも、2つでもプラスの面を認められて、そこからのスタートであれば、解決への時間は短縮できます。

そのことを理解した先生は、まずは文字を丁寧に書くことをきちんと承認しました。その後、与えられた時間内に作業を終えることの意味や、少しでも時間を短縮するために何をすればよいのかなどを、子どもと話しました。いつも「遅い！　遅い！」と言われていた子どもは、先生に承認されたことで少しやる気が出たようです。自分が何に取り組めばよいのかがわかったこと、取り組む具体的な行動を自分が選んだことで、確実に行動できるようになったという報告を受けました。

このように、100％問題だと捉えていた「時間がかかりすぎる」には、すべて否定しなければいけないことではなく、そこには解決に向けてのポジティブな点が含まれていたのです。すべて否定して全く新しい行動をさせるには、さらに時間もかかりますし、先生のエネルギーも消費することになります。

「問題」だと捉えているものの中に、実は解決に役立つ「芽」があるということ、そして、それを見出す視点を持つことが解決への近道だといえます。

①それを引き出すためのコミュニケーションスタイルは「問いかけ」である。

そして、3つ目のコーチング最大のスキル「問いかけ」です。「問いかけ」がなぜ効果的なのでしょうか？　一番わかりやすい例として、スポーツ球技をあげてみましょう。球技のコーチや監督をされている先生もいらっしゃると思います。一番よく使われる指示は何だと思いますか？

おそらく「ボールから目を離すな」「ボールをよく見ろ」だと思います。筆者（原田）自身、学生時代にテニス部に属し、うんざりするほど聞いてきた言葉です。テニスに限らず、これはどの球技においても確かに重要なことです。しかし、この言葉が実際に効果をあげているとすれば、球技をするほとんどの子どもが目覚ましい上達をしているはずではありませんか？

しかし実際には、そういうことは起こりません。なぜなら、指示されてもボールを見ていないからです。

しなければいけないことをするように命令されても、結果が望めないのであれば、どうすればよいのでしょうか？　それが「問いかける」ことなのです。

なぜスポーツのコーチは、こういう効果のない命令を続けてきたのでしょう？　理由として考えられるのは、おそらくコーチ自身が命令をしさえすればよいと考えていたこと、コーチ自身が自分の言うことにしか意識が回っていなかったことではないでしょうか？

「命令」を「問いかけ」に変えると、子どもは自分の現状を振り返って考えます。今何をしなければいけないのかに気づきます。そして、初めて具体的な行動を起こせるようになるのです。効果的な問いかけをするには練習が必要です。

まず、指示命令をやめて質問に切り替えてみるところからスタートしてください。数をこなせば上達します。効果的な「問いかけ」についての説明は、本章の2コーチングスキルの（４）教えるのではなく問いかける、で詳しく述べています。

この「問いかけ」は、構え（スタンス）の1つ目「答えはその人が持っている」を前提にしています。この子はきっと自分で解決する答えと力を持っているのだと信じることで、「問いかけ」の質も変わってきますし、そうなればこの3つの構え（スタンス）を軸としてコーチングが機能するのです。

ですから、**コーチングを学んで最初にしなければならないのは、どの子どもにも必ず解決する力が備わっていて、解決に役立つ芽が既に出ているのだということに焦点を当てて取り組むことです。そして「問いかける」ことです。**

「いつでも話を聞く姿勢はできているよ」という立ち位置を伝える努力をしてください。そうして、あとは子どもを信じ、子どもに考えさせ、そっと見守ってあげましょう。

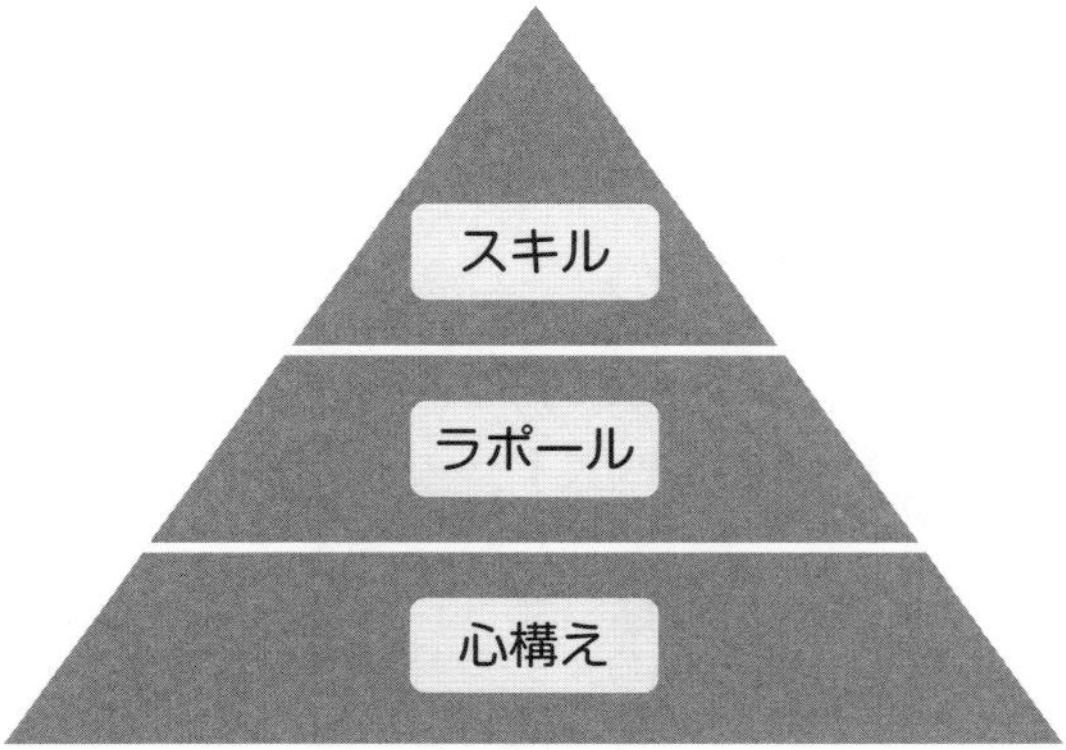

方法論より心構え

(2) コーチングの歩み

「コーチ」という言葉が英語で使われるようになったのは、16世紀のことです。当時は「馬車」という意味でした。現在でも、イギリスでは長距離のバスを「コーチ」と言っています。

その語源は、ハンガリー北部にあるコークス村だと言われています。この村では伝統的に自家用四輪馬車が作られていました。馬車は「その人の望むところまで送り届ける」役割を持っています。そこから、「コーチ」は「その人の目的とするところまで送り届ける」という意味を持つようになり、1840年代には「受験指導のための個人教授」を意味する言葉としてイギリスのオックスフォード大学で使われるようになりました。そして1880年代には、現在一般的に使われているスポーツ界での「コーチ」という言葉が使われるようになったのです。

コーチングがビジネス界で最初に注目を浴びたのは、ゼネラル・エレクトリック社(GE)の当時の経営者である、ジャック・ウェルチが1981年に就任した際の会見で「私にはコーチがいます」と言った時です。当時、世界の三大経営者と言われていたジャック・ウェルチにコーチがついているという発表は、世間を驚かせました。しかし、現在では多くの企業、医療機関、教育現場など、あらゆる分野でコーチングが導入されています。

それに先立つこと、1972年、テニスのコーチをしていたティモシー・ガルウェイはアメリカで『インナーゲーム』を出版しています。これは出版当初テニスの指南書だったのですが、時のアメリカ大統領であるカーターが、この本を単なるテニスの指南書ではなく、人の可能性を引き出す自己啓発性の高い本であることに触れたことから、一般的に多くの人の注目を浴びるようになりました。

彼は、新人コーチ時代に「教えすぎ」で少しも生徒を上達させられませんでした。そこで、自分自身がとてもリラックスしている時に、ふとこう思ったのです。「言葉を減らして、もっとよく観察しよう」。彼が口で指摘しないと、生徒はそのエラーを自分で修正し始めたというのです。生徒自身もその事態にまるで気づいていなかったのですが、ガルウェイにとって明確になったのは**「指導する時に自分の言葉が明らかに邪魔をしていた」**ということでした。

そうして、彼はやり方を変えたのです。

生徒には、まずコーチ（ガルウェイ）のプレーをよく観察するよう伝えました。見るだけでなく、視覚的（ビジュアル）イメージを掴むようにも言いました。そして生徒がそのイメージどおりにプレーするように指導したのです。この指導方法に変えて、一言のアドバイスもなしに、生徒はコーチのプレー通りに打てるようになったのだそうです。この貴重な体験によってガルウェイが発見した真実は、「イメージは言葉に勝り、示すことは教えることに勝り、教えすぎは教えないことに劣る」ということだったのです。

その後、この本は「人の潜在能力を開放する」ツールとしてコーチングの普及に大きな役割を果たしました。ガルウェイはこう述べています。

「コーチングとは、相手の最大限の潜在能力を発揮させること。教えるのではなく、その人に気づきを与え、学ぶのを助けることである」。

人は誰も、その人に最適な答えをもともと持っているのです。それを引き出す手伝いをすることで、その人は自発的に行動し、成果を出すことができるのです。この基本原則なしにコーチングは成り立ちません。

（3）「やる気」を引き出す魔法のツール

コーチングの語源にもあるように、「コーチ」の役割は人が望むところに送り届けることです。送り届ける過程で行うことは、その人が既に持っているスキルやその人特有の視点など、多くのリソース（資源）を上手に活用することです。弱点を探したり、欠点を補ったりすることではありません。

なぜなら、人は自身の人生や仕事における、有能でリソース（資源）に満ちた専門家だからです。人は自分の得意分野を任せられた時、自信ややる気にあふれ、目を輝かせて取り組むのではないでしょうか？　足の速い子どもが「アンカーを任せたよ」と言われる時、あるいは丁寧な仕事を得意とする子どもが「後片付けの最後のチェックは任せたよ」と頼まれる時、その表情がいかに生気に満ちているか容易に想像できますよね。

どの子にも、得意なことや好きなことが一つはあるものです。それは必ずしもうまくできる必要はありません。**うまいかどうかではなく、楽しく生き生きと取り組めるかどうかという観点からすると、リソースは必ず見つかります**。ですから、その子の中のリソースに焦点を当てて、それを引き出してあげることが大切です。

こういう話をすると、先生方からよく返ってくる反応は「よいところがありません」「得意なことが見つかりません」「そもそもやる気がありません」などなど数え上げればきりがありません。本当にそうでしょうか。もしそう感じているのであれば、これこそコーチングに挑戦する好機以外の何物でもありません。子どもをじっくり観察し、その子の「ウリ」は何なのかを、子どもに問いかけながら一緒に探してみてください。

つまり、コーチングの原則として「答えは子ども自身にある」のですから、コーチング的なコミュニケーションを取り入れて、子どもに問いかけることがやる気を引き出すことにつながります。それによって、その子自身も気づかなかった、眠っている答えや能力を明確にすることができます。先生方にとっても、コーチングが子どもの潜在能力を発揮させる早道だと発見できるまたとないチャンスとなり得ます。

皆さんはこれまでに、考えても考えても解決策が見つからず、煮詰まってしまった経験をお持ちではありませんか？　それが、テレビを見ていた時、あるいは本を読んでいる時、人と話している時、公園を散歩している時など、突然雷に打たれたように「あっそうだ！　こうすればいいんだ」とひらめく瞬間を経験したことがあるでしょう。こういう瞬間を「アハ」体験とも言いますね。脳科学者の茂木健一郎さんが広めたと言われています。「アハ」とは、英語で「a－ha」、何かひらめいた時に「あっ、そうか！」と思わず

出る時の言葉です。この、「アハ」が出た時こそ、子ども自身がそれまでに気づかなかった答えや能力に目覚めた瞬間なのです。その瞬間を、第三者が問いかけて作り出すのがコーチングだとも言えます。

天から降ってきたように何かにひらめいた時は、いてもたってもいられなくて、すぐ行動に移したくなりますね。うまくいく時もあれば、そうでない時もあるでしょう。でも、自分で想像力を働かせて気づいたことは、うまくいかなかったにしても、では「どうすればうまくいくのか」に意識が向かいます。この時、子どもの心はやる気で満ちているでしょう。

こういう時、私たちにできることは何でしょうか。うまくいった時には大いに承認すること。たとえうまくいかなかった時でも「がんばってるね」と応援の姿勢を見せること。そして「どうすればうまくいくと思う？」と、その子のリソースや解決の芽を探す手伝いをするだけです。

(4)「わかったつもり」から「使える」コーチングへ

コーチングの研修を受けた先生は、皆さん一堂に感銘を受けて「コーチングってすばらしいですね」と言われます。でもコーチングについて書かれている本を読んで得られる知識や、研修を受けてわかることと言えば、単なるコーチングに関する基礎知識です。研修でちょっとしたワークを体感できますが、それにしてもやはり研修の中の一ワークにすぎませんし、「コーチング」という新しいコミュニケーション方法がこの世にあることがわかったにすぎません。

「そんなことぐらいわかってますよ～」と言われそうですが、**「わかった」と「できる」は全く違います**。「わかった」というレベルは、コーチングの理論が頭で理解できた状態にすぎません。この段階からコーチングが「できる」レベルに達するには、コーチングを実践するしかありません。

コーチングの研修を受けた直後、こんな感想を伝えてくださる方がたまにいます。

「（研修は）すごくよかったです。（自分の学校の）教頭先生が講座を受けて変わってくれたら本当にいいんですけどね……」

感想自体は大変ありがたいのですが、ここは、教頭先生ではなく、まずコーチングを学んだその先生自身が変わらないと何も始まりません。

まず自分が実践し始めることです。聞き方を変え、問いかけを多用し、それを継続した結果、ポジティブな変化が起こせたとしたら、そこで初めて他の先生方にすすめてください。「コーチングは本当にコミュニケーション向上に役に立ちますよ」と。

ところが、多くの先生方は「わかった！　これでコーチングが使えそう！」と感じた段階で、できたつもりになってしまうのです。

理論がわかった後は、必ず実践しなくてはならないのです。ただし、コーチングの実践には相手が必要です。子どもを相手に実践練習をするのも、同僚の先生にお願いしてクライアント役（コーチングを受ける役）をしてもらうのもよいでしょう。コーチングの練習を行ったら、必ずクライアント役の人から感想をもらってください。自分のコミュニケーションのクセが見つかり、コーチングスキルの向上にとても役に立ちます。クライアント役の先生から、しっかりと聞いてもらった感じがしたか、話したいことを十分に話せたか、いろんな質問をされて視点が変わったか、今までにない気づきは得られたかなど、正直に伝えてもらうとよいですね。

うまくいくと、クライアント役をした先生の問題解決にも役立つのはもちろんのこと、さらには自分のコミュニケーションスタイルに変化が起きるのもわかります。変化が自覚できるようになると、その頃には、明らかに周りからの反応が違ってきます。そして意識をしないで、コーチングが使えるようになってくるのです。

要は、「練習の量」です。最初から気の利いた質問をしようなどと思わないで、とにかく量をこなしてください。日々コーチングを意識してスキルを使ってみてください。ある日、量が質に変わる瞬間がきっと訪れます。練習無しにコーチングの上達などあり得ません。使えるコーチングにするためには、わかったつもりのまま終わらせないで、実践することが肝要です。

(5) 思いきって捨ててみよう～思考癖も断捨離で～

断捨離からミニマリズムへと、言葉は変化しましたが、「不必要なものは持たない」という考え方のベースは同じです。その考え方は「物」に限りません。特にコミュニケーションにおいては、「ほんの余計な一言」が子どもの心を傷つけてしまうことがよくあります。

さらに厄介なのは、「その一言」を言った先生は、「子どものためを思って言ったんだ」と信じていることです。「小さな親切は余計なお世話」なのです。**子どもから求められないアドバイスや価値観の押し付けは、思いきって捨ててみることも時には必要です。**

コーチングでは「答えは相手の中にある」のですから、不用意な一言を子どもに使いたくなった時も、心の中で「答えは相手の中にある」と唱えてみてください。物を整理する時は、まず自分が何を持っているかを把握する必要があります。言葉も同じです。普段自分がどんな不用意な言葉を発することが多いのか、まずはそこから自分自身を冷静に観察してみてください。

コミュニケーションをシンプルにすると、人間関係も変わってきます。最初のうちは、どうしても何か言いたくなることもあるでしょう。そういう時は、「がんばってるね」とか「応援してるよ」という言葉に変えてみてはいかがでしょうか？

「わかってはいるんですが、つい不用意な言葉を使ってしまう癖があって困っています。言ってしまってからいつも『しまった！』と思うんですが、その後は気まずくなって、しばらく子どもと話ができないんです」という先生の相談に乗ったことがあります。

問題行動を起こす、宿題を忘れる、遅刻するといった子どもたちに、つい言ってしまう言葉が「何度言ったらわかるの！」「いい加減にちゃんとしなさい」でした。もし先生からこう言われたら、子どもはどう反応するでしょうか？ おそらく無言で下を向くでしょう。少々やんちゃな子どもなら「だって、〇〇だったんだもん！」と答えるかもしれません。そうだとしても、この答えは単なる言い訳にすぎませんし、言い訳から建設的な行動を引き出すことなどできません。ですから、先生は自分の言動のクセを知ることです。その上で、もう一つ大切なことがあります。それは、子どもと対話する時は、その目的を明確にするということです。

■先生が子どもとの対話で解決したいことは何ですか？
■子どものどんな行動を引き出したいと思っていますか？
■子どもにどう成長してほしいですか？

それらを明確にし、目標の達成を妨げるネガティブな言葉を手放してみましょう。

相談に来られた先生には「もし、何度言っても効果がないと自覚されているなら、思いきって、やり方を変えてみませんか？ いつもの口癖の代わりにどんな言葉を使えたらいいと思われますか？」という質問から始めてみました。「そうですね、具体的な言葉は思いつきませんが、『次は宿題をやってこよう』と子どもが前向きになってくれる言葉を使えるようになったらうれしいですね」と答えました。
　その後、「言葉を選ぶこと」「感情に振り回されないで自分をコントロールすること」というテーマに取り組んでいただきました。たとえ大人でも、自分をコントロールすることは難しいものです。この先生は、大人でさえ困難なことを子どもに求めていた理不尽さに気づいたそうです。子どもへの対応を振り返って恥ずかしくなったともこぼしていました。

　その後も、コミュニケーションを妨げるネガティブな禁止語や命令語をできるだけ使わない努力を続けているそうです。子どもたちとよい信頼関係を築き、子どもから慕われ、信頼される指導者になることを目標に、子どもたちとの対話を続けておられて素敵だなと思います。

(6) 子どもの眠っている可能性を目覚めさせる

人は、自分のことをわかっているようで案外わかっていません。コーチングを通じて強く感じるのは、自己肯定感の低い人が多いということです。子どもが成長するプロセスで、周りに認めてくれる大人がいなかったり、何をどう行動するかについての選択肢を与えられなかったりした子どもたちは、自分の可能性を信じることができません。特に自己肯定感が極端に低い子どもは、存在そのものだけでなく、彼らの可能性までも否定されてきたのかもしれません。

何度も言いますが、コーチングの考え方では、どんな子どもも内に秘めた可能性を持っていることを基本としています。相手の可能性を信じるコーチング的な対話を増やすことによって、子どものやる気を引き出し、子どもの可能性を開くことができます。**子ども自身ですら自覚していない潜在的な可能性を目覚めさせることが、コーチングの目的であり、真の指導なのです。**

子どもが自分自身の可能性や能力に気づけば、その子なりの人生を歩き出すことができます。そのための応援が真に求められているのです。子どもが「これに挑戦したい」と思った時、「そんなこと、できるわけないでしょう?! 失敗したらどうするの?」と即座に言われたら、どうでしょう? 子どもは「やっぱりそうだよね」と自分を否定してしまいますよね。

幼いころから否定され続けた子どもは、そのうち目の前にチャンスが現れても、「お前にはそんなことできないよ」とか「私にはこんなことできるわけがない」と最初から挑戦することすらあきらめてしまうのです。これがメンタルブロックです。ホルヘ・ブカイは著書『鎖につながれた象』で、こう述べています。

「サーカスの象が逃げないのは、とっても小さいときから同じような杭につながれているからだ」

僕は目を閉じて、生まれたばかりのか弱い象が杭につながれているところを思い浮かべた。そのとき象は、押したり、引いたり、汗だくになって逃げようとしたに違いない。でも努力の甲斐なく逃げることはできなかった。小さな象にとって、杭はあまりに大きすぎたのだ。疲れきって眠ったことだろう。次の日もまた逃げようと頑張って、次の日も、そのまた次の日も……。

ついにある日、その象の一生においていちばん恐ろしいことになるその日、象は自分の無力さを認めて、運命に身を委ねたのだ。サーカスで見る大きく力強い象は、かわいそうに〝できない〟と信じ込んでいるから逃げないのだ。生まれて間もないときに無力だと感じた、その記憶が頭にこびりついている。そして最悪なのは、二度とその記憶について真剣に考えなおさなかったことだ。二度と、二度と、自分の力を試そうとはしなかったのだ。」

自己肯定感の低い子どもはみな、何かしらの杭に足をつながれて、自分の可能性を制限しています。自分の杭に気づき、自らその杭を抜く手助けとして先生方にコーチングを役立ててほしいと願っています。

2 コーチングスキル

(1) ラポールは信頼関係を築く架け橋

あなたは、今までに誰かに悩み事を相談したことがありますか? 「話してよかった」と思った人がいたとしたら、おそらくその時、その人とあなたの間によい関係があったはずです。

信頼できない人に自分の悩みを打ち明けることなどできないはずですよね? 誰にも聞かれたくない自分の弱みをさらけ出せるはずがありませんよね?

コーチングのみならず、コミュニケーションの基本は「ラポール」です。「ラポール」とは、もともと臨床心理学で用いる用語で「信頼関係」を意味します。コーチングを実践するには、どんなスキルよりもまずラポールを築くことです。

もしあなたに「こんな人にだったら、正直な気持ちで打ち明けられる」と思えるような人がいるとしたら、そこにラポールがあるはずです。さて、ラポールとはいったいどのようにして築くのでしょうか？

1．黒子に徹して相手の話を聞く。
2．何よりも相手の立場や気持ちにフォーカスする。
3．聞く時は相手の話を途中で遮らず、否定や批判をしないで最後まで聞く。
4．むやみに自分の意見やアドバイスなどを言わない。

このように、相手を受け止めようとすることでラポールは築けます。ラポールを築く方法には、ここで挙げた４点のほかに、相手の行動に同調するという方法があります。それが「ペーシング」や「ミラーリング」です。これによって相手との距離感を縮めることができます。

【ペーシング】話す速度、リズム、声の大きさなどを相手のペースに合わせること。

落ち着いた雰囲気でゆっくり話す人には、こちらもゆっくり話す、早口で話す人には、相槌などをリズミカルに打つというふうに、相手の話し方に合わせて話を聞く方法です。

相手が話し終えないうちに話をかぶせたり、話の腰を折ったりすると、居心地の悪さを感じます。相手が元気のない時に「元気ないね、どうしたの?」と伝えるとしたら、少し低い声で少しゆっくりと伝えるのではないでしょうか?

親しい人と会話している状況を思い出すとわかりやすいですね。人が心地よく会話する時に自然と行っていることです。

【ミラーリング】鏡に写して見ているように、相手のしぐさをまねること。

真似ると言っても、相手の動きをそのままそっくり真似るわけではありません。目の前の人がそんなことをしたら、かえって違和感を覚えるでしょう。

例えば、とても親しい友人同士がおしゃべりをしている場面を観察してみてください。前かがみになったり、手の動きが似ていたりします。無意識にやっているはずですが、似たような動きになっていますね。お互いに居心地のよい空間を自然に作っている時には、無意識にミラーリングをしているのです。

このように、相手の気持ちに沿いたいと思う時、自然に相手と同じようなしぐさを真似ています。相手が居心地の良さを感じ、この人となら本音で話せると感じた時、コーチングは機能します。

コーチングでは、上から目線ではなく、相手と同じ目線に立って話を聞こうとする立ち位置が大事なのです。子どもが話しかけてきた時、子ども一人ひとりのペースに合わせ、「聞いているよ」という姿勢を見せれば、「この先生になら、素直に打ち明けられる」と感じるはずです。そうなれば、コーチングは既に8割は成功したと思って間違いありません。

(2) 傾聴がもたらすメリット

「コミュニケーションが上手な人ってどんな人?」

これはセミナーで最初にお尋ねする質問です。多くの人が「話し上手な人」をコミュニケーション上手な人だと思っています。果たしてそうでしょうか?

そこにいるみんなが話したいことを話して、聴く人は誰もいないという状態を想像してください。そこにコミュニケーションは成り立ちませんよね。ですから、「話すこと」と同じように、「聴くこと」はとても重要な技術になるのです。

「そんなことはわかっている」はずですね。でも、なかなか人の話を聴けないのが実態です。「聴くこと」はなぜ難しいのでしょうか? なぜ人は相手の話を聴けないのでしょうか?

私たちはみな、育った環境や体験から得た、自分なりの価値観や考え方や思い込みを通して人の話を聴いています。自分の価値基準と異なっていたら、それを言わずにはいられなくなってしまい、そして思わず相手の話の途中で口を挟んだり、否定・批判をしたりします。そうなると、コミュニケーションは成り立たなくなります。口を挟まれた人は、聴いてもらっているという感じが失せ、お説教でもされているような気分になってしまうでしょうね。

傾聴するには、何が必要なのでしょうか？　それは**「好ましい聴き方」**です。**最後まで相手の話を聴く、うなずきや相槌を入れる、アイコンタクトをとる、などを重視した聴き方です。**言ってしまえば簡単なことなのです。大事なことは、それを日常で交わされるあらゆるコミュニケーションで活用し続けることであり、常に「聴いていますよ」というスタンスを見せることです。

最初のうちは、自分のそれまでの聴き方に戻ることもあるかもしれません。それさえ気づかない時もあるでしょう。でも継続していると、子どもの表情が今までと違ってきたとか、子どもに笑顔が増えてきたと感じることがあります。それは、子どもが変わったのではなく、自分の聴き方が変わったからなのです。

人の話をきちんと聴けるようになることは、決して難しいことではないのですが、そこには「忍耐力」が必要です。人が話し終えるまで、途中で遮ったり、ダメ出しをしたり、批判したりすることなく最後まで聴くには、忍耐力が求められます。

聴く努力をしたことで、子どもが驚くほど自発的になったと感じた先生がいました。最初は「相手の話を最後まで聴くぞ!」と意気込んだものの、自分のクセが出て、つい話を途中で遮ったり、相手の話の途中でお説教になってしまったり、何度も失敗を繰り返したそうです。そのうち、何か言いたくなった自分に気づいた時は、言いかけても「おっとっと」と口をつぐむようにしたと言います。

そのうち、子どもの話を最後まで聴けるようになったとのことですが、その頃には、自分以上に子どもの表情がすっかり変わっていたそうです。子どもにしてみれば、自分に興味を示してじっくりと話を聴いてくれる先生にどれほどの信頼感を寄せることができたでしょう。しかし、それと同時に先生が得たものは、想像よりはるかに大きかったようです。相手を信じて聴く姿勢、それができるようになった自分に自信がつき、そしてなによりも忍耐強くなったことだと言います。

「変化は起こせる」と自分を信じて、後は辛抱強く、人の話に耳を傾けることに意識を集中させるだけです。「何か少し変わってきたかな？」と思えたら、それは、自分の普段の会話の仕方がコーチングを意識したものに変わってきたからかもしれません。

（3）「ほめる」と「承認」は違う

「ほめて育てる」という風潮が蔓延しています。でも筆者は、あえて「ほめないでください」とクライアント（相談者）にお伝えしています。なぜならば、「ほめる」ことは、モチベーションを上げますが、同時に危険性も伴うからです。

子どもをほめる時、大人が自分の都合のためにちやほやしたり、おだてたりしていることが多いのです。

これらは決して本人の成長には役立ちません。子どもは成長するにつれ、大人の都合でご機嫌を取っているのだとわかる時期が来ます。小学生にもなれば十分こうしたことに気づくでしょう。そうすると、もうほめてもおだてても、大人の都合通りに動いてくれなくなってきます。そして、ちょうどその頃から大人は「子どもをどうほめればよいのだろうか？」と悩み始めるのです。そうした点から「ほめる」ではなく、「承認」という方法を勧めています。

では「承認」とは具体的にどうすることなのでしょうか？**「承認」とは「相手の行**

動や結果に対して、事実をそのまま伝えること」です。伝えるポイントは「プロセス」と「結果」です。このように事実を伝える作業を「承認」と呼んでいます。

先生方に研修を行い、問題行動を行う子どものよい面について教えてください」と問うと「ほめるところがあまりありません」と言われる方が時々いらっしゃいます。もし、子どもが出した結果のみに焦点を当てているのであれば、当然結果を出せなかった子どもをほめることはできません。しかし、その子の結果に至る「プロセス」に注目してみると、今まで以上に努力した跡が見られたり、ほかの人以上によくできている点が認められたりすることはないでしょうか？

承認するスキルには、事実を伝えることのほかに、もう一つ大切なポイントがあります。それは、伝え方です。伝え方には2種類あります。それが「アイメッセージ」と「ユーメッセージ」です。この2つは、主語が誰になるのかが違います。「私」を主語にして承認するのか、「あなた」を主語にして承認するのかです。

一般的によく使われている方法が「あなた」を主語にする「ユーメッセージ」です。研修で、普段どういうほめ言葉を使っているのかを尋ねると、ほとんどの場合が「ユーメッセージ」です。例えば「あなたはすごい」「○○さん、さすが!」「○○さんってカッコイイ!」「○○さんやるね～」などは毎回出されるほめ言葉の常連になっています。

しかし、この「ユーメッセージ」で伝えられた時、本当に「自分のことを認められた」という気持ちになるでしょうか? ほめられても「いえいえ、とんでもないです」と手を横に振る場面が想像できませんか?

では「アイメッセージ」で伝えてもらった時はどうでしょうか?

例えば「私は、○○さんと一緒に仕事ができてうれしかったです」「私は、○○さんに助けていただいてありがたいです」というように、**その人が感じていることをアイメッセージで伝えられると素直にその人の気持ちを受け取れるのではないでしょうか?**

ですから、**相手を承認する時は、「プロセス」「事実」「アイメッセージ」を意識して相手に伝えるように練習してみてください。**

例えば「今日はみんなできれいに掃除ができたね。とても気持ちがいいです」「○○君、今日はクロールで25メートル泳げたね。先生もうれしいな」「今日の帰りの会はいつもよりたくさん意見が出て、とても活発でした。みんなの生き生きした顔を見ていて先生も元気になりました」という風に「プロセス」と「事実」を「アイメッセージ」で伝えます。

ただし、これを実際に行おうとすると、相手のことをよく観察していないとできません。しかし、それが結果として「自分のことを気にかけてくれている」という信頼にもつながってきます。そうすると、普段から時間が足りないと感じている先生が、「観察する」ことに余計な時間がかかるのではないかと心配されるかもしれませんね。

でも、できていないことを叱り続けて時間をかけ、成果が出せないなら、その時間を「承認する」ことに回してみませんか？

「観察する」と余分な時間が増えてしまうという考えではなく、時間の使い方を変えてみてはどうでしょうかという提案なのです。**方法はどうであれ、人は認められるとうれしいものです。**子どもの真の成長を促すことができる無条件の「承認」をぜひ使ってみてください。

先生方を対象とした研修では、次回までの宿題として「承認する」という課題を参加者に出しています。誰かに承認する言葉を伝える練習の宿題です。その結果を参加者全員でシェアする時間はいつもワクワクしながら聞かせていただいています。宿題を実践した結果、「相手の表情が変わりました」「ありがとうが増えました」などといった声が聞かれます。予想はしていても、やはり何度聞いてもうれしい報告です。

中でも、奥様を承認された先生は、話している先生ご本人の笑顔も素敵で、承認された奥様の様子まで伝わってくるもので、「なんと、おかずが一品増えました」というれしい結果でした。どこに焦点を当てて、どう承認するのか、これがわかればあとは練習あるのみですね。

（4）教えるのではなく「問いかける」

①思い切って「問いかける」

コーチングの一番の特性は、教えるのではなく、問いかけることにあります。あなたが誰かと話している時に何か聞かれたとします。聞かれたことに答えているうちに、ふとよいアイデアが浮かんできたり、以前から困っていた問題の解決方法を思いついたりしたことはありませんか？　**人は問われて考え、その答えを口にする時、初めて自分が何を考えているかを理解します。**

人から答えを与えられることは、受け身の行為です。自分が考えたことではないので、当事者意識が薄いのです。「学級で決めたことに対する意識が弱く、あまりにも人ごとなので、何とかしたい」と思った先生が、コーチングを学んで挑戦してみました。それは「子どもに話す時は、できるだけ質問形式で行う」というものでした。「このやり方は、少し無謀な気もしましたが、試す価値はありそうだと考え、思いきって挑戦してみました」と言うのです。

例えば「最近、教室にゴミが落ちていることが多いですね。先生はいつも教室がきれいなほうが気持ちがいいと思うんだけど、掃除をしてきれいにするのは何のためだと思いますか？」

子どもたちにとって、掃除はしなければいけないものでした。そういうふうに決まっているから行うものであって、子どもたちが誰のため、何のためという意味を考えたことはなかったのです。自分たちで考えて答えを出して、初めて「掃除って私たちの健康に大事なことなんだ。だからみんなでするんだ」という当事者意識が生まれてきたそうです。

この挑戦は予想以上の結果を生みました。あれこれ指示を出して子どもたちに行動させれば、早く片付くかもしれません。しかし長い目で見ると、答えを最初から与えず子どもに考えさせることは、子どもの成長にきっとよい影響を与えます。勉強以外の場面でも、頭を使ってしっかり考えることが、生きていく力を養うためには欠かせません。

②「問いかけ」の種類と注意点

質問には大きく分けて2種類あります。「オープンクエスチョン」と「クローズドクエスチョン」です。前者は、「何を」「いつ」「どこで」「どんなふうに」のような疑問詞を使った質問で、相手に考えさせる効果があります。後者は「はい」「いいえ」で答える形式です。

「あなたはリンゴは好きですか?」はクローズドクエスチョンであり、「リンゴをどんなお菓子に使いますか?」はオープンクエスチョンです。どちらがよいということではなく、**相手に考えさせる時には「オープンクエスチョン」を使うほうがより効果的だということです。**

③「なぜ?」の質問は一息おいて

ここで質問する際の注意を2つ挙げます。

「なぜできなかったの?」というような、過去できなかった理由を追及する質問は避けてください。**なぜなら、この問いかけからは、できなかった「理由」や「言い訳」**

を引き出すだけで、建設的な答えは望めないからです。ただし「なぜそれがしたいの？」というふうに未来に向かって「なぜ」を問う質問は、非常に強力な役割をしてくれます。将来、自分のやりたいことやなりたい姿の根拠が明確になるからです。ですから「なぜ」の質問は、一息おいて気をつけて使っていただきたいと思います。

④抽象的な言葉は具体化させる

実際にコーチングをする時、次のような質問を使うことがよくあります。

「今使われた『○○』という言葉は、具体的にどういう意味ですか？」

「○○さんにとって、何をもって『○○』だと言えるのですか？」

これらは、クライアント（子ども）の使った抽象的な言葉を具体化させる質問です。

普段の会話を振り返ってみてください。**私たちが使っている言葉の中に、なんと抽象的な言葉が多いことか。**そんな抽象的な言葉が飛び交う中で、使っている人も聞いている人も、それをわかった気になっている場面がほとんどです。**しかし、実はこれが誤解の始まりです。**言った人と聞いた人の間で、よくよく突き合わせてみると、一つの言葉から全く違う状況を思い描いていたということが非常に多いのです。

コーチングを行う時にも、常にクライアントの使う言葉には敏感でなければなりません。クライアントの使った言葉を具体化させてみると、本人も自分の言葉の意味があやふやで明確になっていないのに気づいてびっくりさせられることがよくあります。自分の中で明確に具体的になっていないことを、どうやって具体的に達成しようとするのでしょうか？

例えば、「算数のテストでがんばりたい」と子どもが言ったとします。しかし、「がんばる」とは具体的に何をすることなのかがわかっていなければ、具体的な行動に移すことはできないでしょう。テスト対策でがむしゃらに勉強をすることも、それなりに効果があるとは思います。でも、もしかしたら的外れであまり芳しい結果は出せないかもしれません。その子にとって「がんばる」とは、具体的に何をどのように勉強するのかが明確であれば、効果的な勉強に取り組めます。よりよい結果も出せるのです。やることが明確で少しでもよい結果を出せると、さらにやる気が出てきますし、自信にもつながってきます。

ですから、コーチング的な対話に不可欠なのは、相手の「抽象的な言葉」に敏感になることです。それを「具体化」させることが重要なポイントです。しかし、抽象的な言葉を具体化させる前に、まず自分の使っている抽象的な言葉に気づくことが第一です。自分の使っている抽象的な言葉は、具体的にどういう意味なのかを振り返ってください。そうすると、人の言葉にも気づくようになります。

考えがこんがらがって、身動きできない状態の思考を整理するためには、まず、使っている言葉を明確にすることです。

あくまで、その子どもがその言葉をどう受け止めているかという意味においてです。ここを整理しながらコーチングすると、子どもは容易に行動を起こすことがあります。

(5) 問いかけは「原因追究質問」ではなく「肯定質問」で

「問いかけ」が、コーチングの中で重要な役割を果たすことはわかっていただけたと思います。では、質問する時の大切なポイントは何でしょうか？ 質問は諸刃の剣です。相手の行動を促す強力なツールにもなりますが、逆に相手を責め、追い込んでしまう怖いツールにもなり得るのです。

何か困ったことが起こったという状況を考えてみましょう。

こういう状況下では、多くの人が「なぜこんなことが起こったのだろう？」「なぜ失敗したんだろう？」「どうしてこんなことが私に起こるんだろう？」などと、思考が向かう先は「原因追究」です。

原因追究で明らかになることは、もちろん、うまくいかなかった理由です。原因追究にのめり込むと、最終的に「誰が悪いんだろう」と人間関係も壊すようになってしまいます。その場にいる人たちが望んでいることは、こういうネガティブな状況でしょうか？ 欲しいのは、解決に向かうことのはずです。

たとえうまくいかなかったとしても、あなたが本当に望んでいるのは、うまくいくための答え、あるいは、それに役立つヒントではないでしょうか?

「問題(problem)」に焦点を当てるのか「解決(solution)」に焦点を当てるのか。この2つの焦点の当て方の違いが、解決時間の短縮に非常に役立ちます。

解決への時間を短縮できると同時に、気持ちが前向きになってモチベーションをあげることにもつながってきます。そのために役立つ質問が「肯定質問」です。つまり、子どものできているところに焦点を当てるという意味です。

「肯定質問」というと、言葉の使い方を肯定的にするというものがあります。例えば「どうしてうまくいかないのか?」ではなく、「どうすればうまくいくのか?」というふうに否定形を使わないという質問方法です。

ここで言う「肯定質問」とは、肯定的な言葉を使うだけではなく、問題と捉えているものの中に、たとえわずかでも既にできていることが必ずあって、そこに焦点を当てる質問のことです。

「ここまで、わかりましたか？」と聞かれた時に、「あまりわからない」と子どもが答えたとしましょう。さて、ここで先生はどういう受け止め方をするでしょうか？「わかっていない」と捉える傾向がある先生にとって、特にこの肯定質問は、役立つスキルです。

一般に、半分くらいわかっていてもたいていの人は「あまり理解できていない」と答える傾向があります。「少しわからないところもあります」と答える人は、かなりわかっている人です。できていることをアピールできないのは、日本人特有の思考傾向であり、少々のことではほめられなかった結果によるものだと考えられます。

何を伝えたいのかというと、**「できていない」という答えの中に、必ずできていることが含まれているという点に焦点を当ててほしいのです。**「ちょっとでも、わかったところは何？」「前より、少しでも理解できたことは何？」というふうに、できていることを掘り出していただきたいのです。

その時に必ずしていただきたいことは「他には？」「まだない？」「もっとあるかな？」という質問です。粘り強く答えを引き出してください。答えているうちに、子どもは意外にわかっている自分を発見します。「意外にできてるじゃない?!」「案外わかっているかも」と自分を捉えることができるようになると、小さな自信につながります。その小さな自信を一つずつ積み重ねることで、自分自身を肯定でき、しっかりとした自信に変化するのです。

ですから、決してできていない理由を聞くのではなく、たとえ子どもができていないと言ったとしても、必ずそこには、将来の成功につながる何かしらの小さな芽がきっとあるのだと信じて、子どもたちに問いかけ続けてください。

1カ月後、3カ月後、あるいは1年後、そこには大きな変化を遂げた子どもの姿が必ずあるはずです。

問いかけることで「気づき」「相手の本音」「創造的な考え」「具体性」「自発性」「当事者意識」などいろいろなものが子どもから引き出せます。「問いかけ」なしにコーチングは成立しません。より効果的な質問ができるようになるには、実践あるのみです。

第3章

個別指導を意識したコーチング

1 個別のコーチングに向かう前に

個別指導を行う際、次のような経験をしたことはないでしょうか?

・子どもの態度にイライラし、子どもの話を聞かずに終わってしまった。
・話を途中で遮って最後まで聞かずに、自分の言いたいことを言い始めてしまった。
・まず否定してしまった。そして、「どうしてやらないの?!」とか「やればできるのに!」など責めてしまった。
・「それはダメだと思うよ」など、勝手に自分の意見や評価を言ってしまった。
・よく話を聞かずに思い込みで決めつけ、子どもとの会話が噛み合わなかった。

よくありがちなことですね。先生は自分の意見を言いたくなってしまいがちです。

でも、まずは個別指導に向かう先生の構え(スタンス)を整えましょう。子どもの考えを傾聴し、できているところを認め、質問しながら本人に気づいてもらうように。

筆者らが先生方に一番お願いしたいことは、この本を読んだからといって、一気にコーチングを使って即座に解決を目指そうとあせらないことです。本一冊分の理論やスキルでコーチングができるようになると思わないでいただきたいのです。

先生方に目指していただきたいのは、**もし、今までの子どもとの対応で変える必要があると感じられたら、少しの勇気を出して、やり方を変える努力をしてほしいのです。**それが、子どもとの関係性に変化を起こす一番の近道だからです。

これからいくつかの事例を挙げてコーチング的なアプローチについて説明していきますが、どの例についても、先生方の基本の構え（スタンス）は同じです。先生と子どもの対話で目指すのは、ほんの小さな変化を起こすことです。静かな池に、ほんの小さな石を投げこむこと。最初は小さな波紋に過ぎないものが、時間が経つにつれて次第に大きな輪に広がります。**その最初の小さな波紋を起こすことが、先生の役目なのだということを心にとめておいていただきたいのです。**

先生方の対応が変われば、その変化を子どもたちは敏感に感じます。それまで「だめ」「やめなさい」と否定されることが多かったとしたら、あるいは誰からも面と向かって一緒に取り組もうという対応をされたことがなかったとしたら、先生方の対応の変化は子どもたちにとって大きなことなのです。

自分を応援してくれる、自分を心配してくれる大人がいるということがわかるだけで、どれだけ心強くなるでしょうか。どんな子どもにも、きっと何かしら得意なこと、できていること、ウリにしていることがあるはずです。ほんの少しでも既にできていることがあれば、そこから解決は始まります。**減点法ではなく加点法で子どもたちに接することができれば、子ども自身の解決力を引き出すことができるのです。**

例えば、
子ども「先生、用紙にもう書くスペースがありません」
先　生「どこか書けるところを探して書きなさい」

こういう場面をよく見かけませんか？　一言指示してしまえば、その場は早く解決します。でも、こういうやりとりをちょっと変えることで、子どもの考える力を養うことができるとしたら、使わない手はないと思いませんか?

子ども「先生、用紙にもう書くスペースがありません」

先　生「そうだね。いっぱい書けたね。う〜ん、どうしようか? どうしたらいいか自分で考えてみて」

子ども「あっ、○○○○（例：この部分に移動して書いたら大丈夫そうです。裏も使えるし）」

先　生「よく気がついたね。じゃあ、そうしてみて」

なんということはない会話ですが、最初に比べてどうでしょうか? 先生がどうするか決めるわけでなく、尋ねながら子どもに考えさせ、結果的に子どもが答えを見出しています。そして、先生はそれを承認しています。教室で起こる場面にコーチング的なアプローチが使われ、自然に場面が転換していますね。

2 個別の生徒指導にコーチングが役立つ

そもそもコーチングは個別で行うものです。個別で行うものとしては、これまで生徒指導で重視されてきたカウンセリングなどが考えられます。実際、学校にはスクールカウンセラーの配置が進んでいますし、先生方にもカウンセリング・マインドが求められるようになって久しいので、ある程度定着していますね。

それに加えて、コーチングを使ってみることを本書ではお勧めしています。コーチングは、子どもが自ら相談という形で先生に話を聞いてほしい場合にももちろん使えますが、子どもたちがちょっとした過ちを犯したような場面においても、あるいは何気ない授業の中でも活用することができます。学校生活では、いろいろな場面が考えられるので、子どもの状態に応じて使い分けていただければと思います。

子どもに何度も問いかけながら、子ども自身に考えてもらい、彼らから引き出し、彼ら自身が決断できるよう、コーチングを生徒指導に役立ててみませんか?

(1) 時間がかかることを覚悟する

コーチングでは、子どもに質問し、何度もやりとりします。先生が指示するわけではないので、子どもに何度も問いかけることがどうしても必要なのです。そうすれば、その問いについて子どもはいろいろと考えるため、当然時間がかかることになります。

先生が指示して終われば短時間で済みますが、それで子どもは納得するでしょうか? 子どもの行動が変わるでしょうか?

ダイエットを例に考えてみれば、わかりやすいかもしれません。

筆者(片山)は、やせたらよいと家族に促されたことがあります。ぽっこりお腹は自分でも自覚していることでしたので頭ではわかっているのですが、じゃあそれで実際に何かやり始めるかといえば、それはできません。コーチ(医師)の指導のもと、健康診断のデータを一緒に見たり、やせてどうしたいのかなどを何度も問われたりしながら考えました。そして、ダイエットをするというよりも、筋肉をつけたほうが健康のためによいのだと少しずつ納得し、ようやく心に落ちたのです。それから一念発起、朝のジョギングを始めることにしました。自分でも、動き始めるまでに時間がかかったと思います。それは子どもも一緒で、自分が納得して動き出すまでにある程度の時間がかかるのではないでしょうか?

(2) 子どもに自己決定させる

個別指導において一対一で面談していると、どうしても教師が結論を先に言ってしまいがちになります。「ではこうしなさい」あるいは「こうしてみたらどうですか?」と言いたくなるのです。でも、それはコーチングでは避けなければなりません。**子どもに自己決定させることが重要であり、そこがコーチングのポイントです。人からやらされたのではなく、自分が決めたのだと。**

常に大人から指示され、自分で決めたことがない子どもは、やがてちょっとした失敗をした時に心のどこかで「こんなはずじゃなかったのに……」一〇〇をしろといったアイツがいけないんだ」とか「アイツのせいで自分の人生はうまくいかないんだ……」など他者の責任にしてしまいがちです。

大人になった時、結婚であれ、商売であれ、たとえ失敗したとしても「お母さんが勧めたから結婚したんだ！」とか、「あの人が儲かりそうだと言ったからこの商売をやってみたんだ！　なのに失敗した」とか……、誰か他の人のせいにしてほしくないですよね。自分の人生は自分で責任を取りたいものです。

（3）効果的な質問とは、子どもが話したいことに沿った質問

個別指導で一人の子どもに問うための効果的な質問とは、一体どんな質問なのでしょうか？　コーチングを意識した質問は、先生が子どもに聞きたいと思う質問ではなく、子どもが話したいと思っている内容に沿った質問が良い質問です。もし、受験で悩んでいるという相談であれば、いったい受験の何で悩んでいるのか、あるいは、将来どうなりたいと思っているのかなど、**その子が持ち出す悩みやテーマに沿って質問することが大事です。**そうすると、子どもは自ずと考えるはずです。ここを意識して

ください。子どもの話したいことに沿って質問するのだということを強く意識しないと、ついつい自分の興味の赴くまま質問してしまいます。

コーチングを学び始めたコーチによく見受けられるのが、相手の話を聞いた後、話の流れを無視して、唐突に質問の内容を変えてしまう場面です。おそらく、コーチ側には既に着地点が頭の片隅にあって、そこに誘導していきたいという意識がそうさせているのでしょう。

コーチングの質問は、決してコーチ側が誘導するものではありません。クライアント（子ども）の言葉を引き受けて、それを膨らませたり、あいまいな言葉を具体化させたりしながら、何度も繰り返し使う言葉に大切な思いがこもっていることを見抜き、クライアントの頭の中を整理してもらうのが質問の役割です。

例えば、普段からちょっとしたミスが多い子どもの悩みについて、何とか指導できないかと「それについてどう思う？」「どうすればよいと思う？」と最初のうちはコーチングを意識して聞いていたとします。ところが、このままいけばこの子どもは将来こういう場面でこんな困ったことになるんじゃないかと先回りして心配した結果、突然自分の聞きたい質問をしてしまうということがよく起きます。

これは、筆者（原田）自身コーチングを学んだにもかかわらず、親の立場から子どもへ何度もやってしまった経験から言えることです。**大切なのは、子どもの言葉を拾っていくことです。その子の「言葉」と「気持ち」に沿うことなのです。**

（4）時には二人称ではなくモデルを使う

個別に面談していると、目の前の子どもに質問するので「あなたは、どうしたいのですか？」「あなたは、どちらのほうがやりやすいですか？」など、どうしても二人称で聞いてしまいます。普段から「ああしなさい」「こうしなさい」と言われることは多くても、自分の意見を聞かれ慣れていない子どもは、考えたこともない質問に戸惑い、答えを返せない場面がよく見受けられます。

そんな時は「モデル」を使うと、答えやすくなることがあります。

「君はどうしたい？」と聞いて、答えがなかなか返ってこない時は「○○さんは野球部で頑張っているようだけど、尊敬する選手はいるの？　それは誰？」

もし、「イチローです」と子どもが答えたら、「今、○○さんは部活のことで悩んでいるようだけど、もしイチローだったら、こういう時どうすると思う？　何て言ってくれるだろう？」という感じの質問です。

身近で信頼のおける人や尊敬する人をモデルとして使い、「その人だったらどうするだろう」というところに視点を変えさせるのです。

この質問は、自分の中で考えが煮詰まってしまった時にとても役立ちます。

「個別指導でコーチングを」と考えているのであれば、個別指導といえども、コーチングは、子どもに指示をするものではありませんし、子どもを大人の思いのままにするものでもないことを肝に銘じておいたほうがよいでしょう。子どもが話したいことに沿って質問し、2章で説明したようなコーチングのテクニック、例えば、オープンクエスチョンやクローズドクエスチョン等を使いながら、「ではどうすればよいのか?」については、子どもに決めてもらうのがコーチングです。

このため、個別指導でコーチングを使う場合は、数回の面談を重ねなくてはいけない場合もありますし、時間がかかることをまずは覚悟しておきましょう。授業中や休み時間等にちょっとした個別指導を行う際も、若干の時間はとるでしょう。しかしながら、長い目で見れば、成長を促すことができ、効果は大いにあるはずです。

3 個別コーチングの流れ

個別指導でコーチングを活用する場合、どのような流れで行っていけばよいでしょうか？　通常、個別コーチングは次のような流れになっています。

（1）目標を聞く
（2）現状を聞く
（3）目標と現状とのギャップを明確にする
（4）現状で行動できる選択肢を複数回答で聞く
（5）優先順位をつけ行動に移す
（6）次回のコーチングで進捗を確認する

この流れは一般的なコーチングであって、本人に

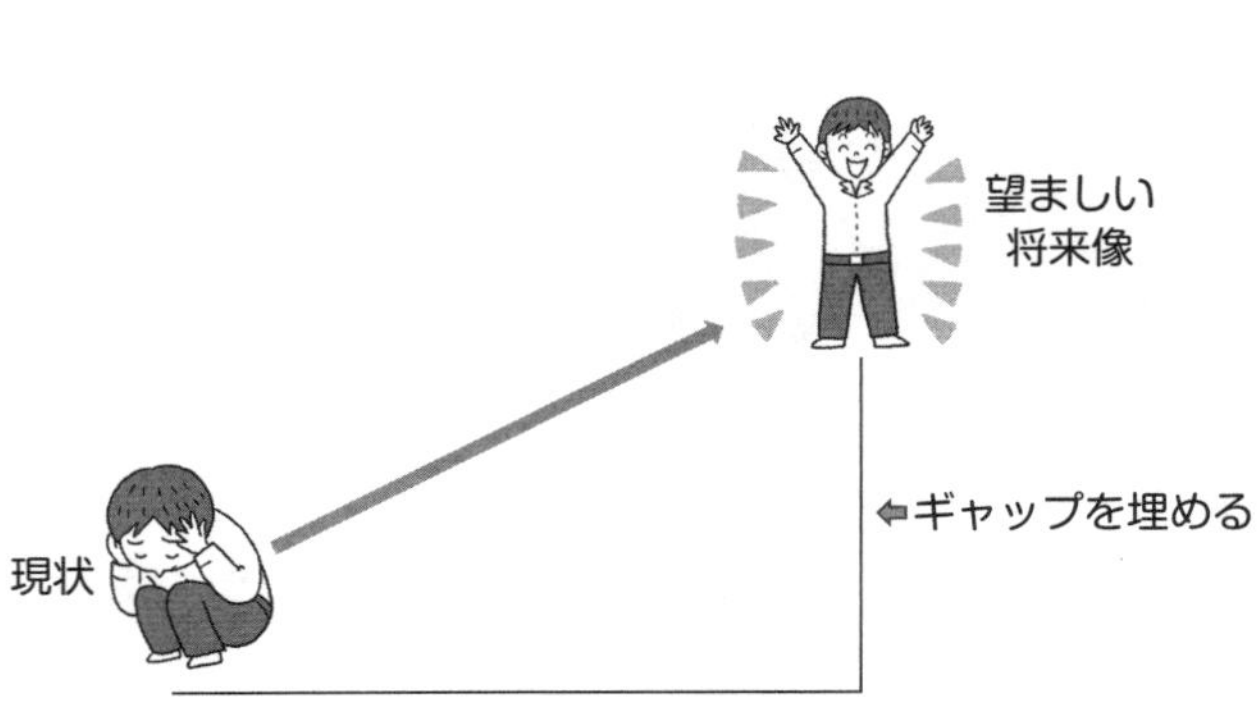

コーチングの構造（流れ）

コーチングを受ける意思があり、目標を持っている時の流れです。しかし学校現場では、困った状況が見られ、それについて子どもと対話をするというのが一般的ではないでしょうか？　そういう場合、（2）「現状を聞く」から始めることをお勧めします。学校現場に合わせた流れは、次のようになります。

（1）現状を聞く～関係構築～
（2）将来の望ましい姿を描かせる～目標設定～
（3）解決に向けての芽を探す～強みを探す～
（4）定期的に進捗を確認する～先生のサポート～

では、一つずつ説明していきましょう。

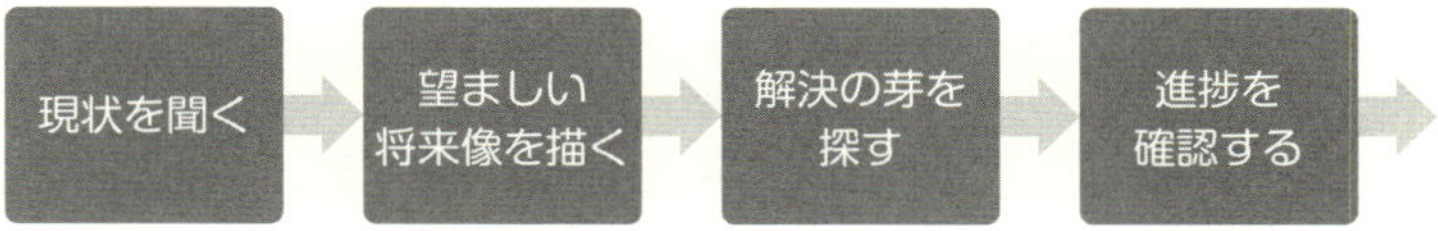

学校現場に合わせたコーチングの流れ

（1）現状を聞く～関係構築～

「最近宿題をしてこなくなった」「授業に集中できなくなっている」「居眠りをすることが増えた」「忘れ物が多い」など、気になる場面が見えるようになった時には、そういう行動をしないようにと叱る前に、まずは子どもの現状を聞いてみてください。子どもにどんなことが起こっているのかを。精神面や物質面、あるいは家庭環境など、子どもの周りにどんな変化が起こっているのか問いかけてみてください。

今までと違った行動を起こし始めた時は、必ず何かきっかけがあるはずです。それを丁寧に聞いてあげましょう。

聞く時のポイントは、子どもの言葉に対して否定したり批判したり、あるいは意見やアドバイスを与えるのではなく、まずはそのまま受け止めてあげましょう。「そうなんだね」「○○だったんだね」などと、おうむ返しをすると、共感してもらえたという気持ちが深まります。もちろん、遊びすぎて夜更かししているという改善が必要な状況もあるでしょう。そういう場合でも、「そうなんだね」と受け止めて次の（2）

に移りましょう。

（2）に移る前に再度「現状を聞く」ことの重要性について述べておきます。現状を聞くことで、本人がその行動を何とかしたいとか変えたいと思うようになることが重要です。それによって（2）以下のコーチングの流れが機能することにつながります。ですから機能するかどうかは、（1）の「現状を聞く」の聞き方に大きく左右されるのです。

人は自分の今の状況を言葉にしているうちに、それが自分にとって望ましいものかどうか、やりたいことなのかどうかに気づきます。現状を聞く前から、自分の行動を好ましくないと気づいていることも実はよくありますし、それがわかっていても行動を続けていることもあります。しかし、先生や親から否定され「やめなさい」と命令されると、わかっていても反発したくなるのです。

一方、自分の話を肯定的にじっくり聞いてくれる人には「何でも話していいのかな？」「自分を否定せず受け止めてくれるのか？」という気持ちが起きます。ですから（1）の「現状を聞く」が、信頼関係構築の第一歩なのです。子どもが自分の現状を話す段階で、本人の中で何をどうすればよいかに気づき、こちらから選択肢を確認する前に自分で解決策を見つけることも珍しくありません。それくらい、聞くことは大事な役割を担っています。

(2) 将来の望ましい姿を描かせる〜目標設定〜

(1)で、信頼関係がしっかり構築されれば、その子どもの置かれた具体的な環境についても多くの情報を得ることができるでしょう。現状をしっかりと聞いた後で、「では今の困った状況が将来どうなっていると思うか」を明確にしていきます。「どうしなければいけないの?」や「どうしたいの?」ではなく、「どうなっていると思う?」です。「○○しなければいけない」という「義務感」から答えると、その後ろに「でも……できない・したくない」になりますし、「○○したい」という「願望」の答えの後には「○○したいけど無理そう……」という言葉が浮かびがちです。

ですから、ここでは「将来きっとこうなっている」という未来に対するイメージを描かせることが大変重要になるのです。

例えば「そうか、今はそういう状況なんだね。それが1年後か2年後にはどんなふうに変わっていると思う？」とか「○○さん自身は将来どうなっていると思う？」というような、未来に対するイメージを描ける質問をすることがポイントです。

この時「友達と緊張しないで話せるようになっていたらよい」などと「否定形」で語られたら、かならずそれを肯定的に言い換えるように促してください。「緊張しない代わりに、どんな感じで話していると思う？」というように聞いてください。「冗談が言えるようになっている」とか「笑いながら話せている」というような答えが返ってくるかもしれません。このように肯定的な行動のレベルで語ることができて初めて、自分がどうなっていることが心地よいことなのかが見えてくるのです。

子どもに、唐突に「将来の夢は何？」と聞いても、答えられないことが多いのではないでしょうか？　夢を持っていたとしても、「人に言ったら笑われるかも」とか「できるわけがない」と思って、人に話したことがないという子どももいます。

ですから「なんとなくでいいんだけど、将来どうなっていると思う？」と聞くのです。将来の望ましい姿に向けて、行動を変えるきっかけをつくることが重要です。子どもに夢があり、自分の夢について語るチャンスが与えられたら、その子はどういう表情で夢を語るでしょうか？　それを想像するだけで筆者はワクワクしてしまいます。ところが子どもの夢に対して、間髪をいれず、それを笑ったり否定したりしてしまう大人がどれほど多いことでしょう。

ここではそういう言葉を封じて、ぜひ想像力を働かせて子どもの夢につきあってあげてください。

「へぇ～」「そうなんだ」「楽しそうだねぇ」「それで？」と話を膨らませる言葉を挟みながら、一緒に夢のイメージを広げてあげてください。そして、こう質問してください。「夢が叶った時、○○さんはどうなっているの？」

1．大きなものでなく、小さなもの
2．抽象的でなく、具体的な行動の形で語られるもの
3．否定形でなく、肯定形で語られるもの

ゴール設定のポイント

(3) 解決に向けての芽を探す〜強みの探索〜

未来の望ましい自分を見つけられたら、次に質問するのは、「そのために既にできていること」です。

例えば、人から言われることをとても気にする子どもがいて、悩んでいるとします。本当は言った相手に「そんなこと言わないで！」と言いたいのに言えないでめげてしまっているのです。いやなことを言われて平気な子どももいれば、少しきついことを言われただけでめげてしまう子どももいますよね。

解決につなげるには、相手を変えるのではなく、自分をどう変えるのかを意識させていくのです。そこで役に立つのが（2）でイメージした「将来こうなっている自分」の姿です。ですから、ここで問いかけることは「○○さんがリラックスして話すために、今、できていることは何？」になります。ここでは「ある」か「ない」かではなく、必ずあることを前提に「何」と聞くことが大切です。

この時、決してハードルの高い「できている」ことを考えさせないでください。「本当に小さな、小さなことでいいんだよ」と言ってあげましょう。できれば、いくつか回答を出してもらうことが望ましいですね。その回答の中から、すぐにでもできそうなこと、あるいはやりやすいことなど、本人の選択に任せましょう。子どもから「やってみる」と言う言葉が聞けたらよいですね。ここまで来たら、後は「先生が応援してるから」と伝えて、背中を押してあげましょう。

(4) 定期的に進捗を確認する～先生のサポート～

本人が何に取り組むかが決まったら、定期的にその後どうなっているかを確認することが必要です。

「思いきってやってみたら、気持ちよかった」
「やればできるかもという気持ちになった。続けてみようと思った」

こんな声が聞けるとよいですね。先生も折に触れて声をかけ、よい循環ができると、少しずつ子どもも自信がついてきます。子どもにもよりますが、時間はかかります。しかし、確実に子どもは変わっていくのです。

4 個別コーチングの具体的場面

(1) 忘れ物をする

忘れ物をする子には、いろいろな背景を持つ子どもがいて、準備が難しい家庭の子どももいます。その場合、本人だけではどうしようもないわけですから、そうした点に配慮しながらコーチングを用いた指導を行ってください。

授業の初めに「忘れ物をしました」と言ってくる子どもがいます。

「隣の人に借りなさい」や「何で忘れ物をするの」などと言ってしまいがちですが、それだとこれまでなされてきたようなティーチング的な指導になってしまいます。

コーチングを使うと、例えば、次のようなやりとりになります。

子ども「先生、地図帳を持ってくるのを忘れました」
先　生「そうかぁ。じゃあ、今日の授業はどうしたらいいと思う？」
子ども「う～ん、〇〇〇〇（例：じゃあ、今日は隣の人に見せてもらいます）」
先　生「じゃあ、忘れ物をしなかったら、どんな気持ちになる？」
子ども「さわやかないい気持ち」
先　生「そうだね。いい気持ちで授業を受けられそうだね。じゃあ、次に地図帳がいる時に、ちゃんと準備するには、どんな工夫ができると思う？」
子ども「う～ん。〇〇かな」
先　生「他には？（複数の回答を聞いた後で）地図帳をちゃんと準備するために、どれならできそう？」
子ども「〇〇します」

コーチングを少しかじった先生は、突然「どうしたらいいと思う？」といったような漠然とした質問をしがちですが、漠然とした質問には答えにくいものです。そのような質問をすると、子どもの返す答えも漠然としたものになってしまいます。一次は忘れません」とその場で言ったとしても、次回ちゃんと持ってくるための具体的な方法が子どもの口から語られないので、また忘れてしまうということの繰り返しで、先生は毎回イライラするのではないでしょうか？

気持ちを聞いた後で、例えば、「じゃあ、次に地図帳が必要な時に、ちゃんと準備するにはどうすればよいかな？」という具体的な方法を考えさせます。ここでも、たくさん答えを引き出して、その中で、「どれなら一番簡単に、そして確実にできそうか」を選択させます。

そして、次回忘れずに持ってきた時は、必ず承認します。忘れないで持ってくる方法を確認しておかないと、せっかく「さわやかないい気持ち」になるだろうと思っている子どもが、また忘れ物を繰り返し、気持ちのギャップでますます自信を失うことになってしまいます。

いかがでしょうか？　ほんのちょっとコーチングのスキルを取り入れるだけで、先生が答えを言って指示するのではなく、子どもに考えさせて子どもに決めさせることができるのです。このほうが、子どもは自分の人生を自分の足で歩いている気がすると思いませんか？

コーチングのポイント

答えを子どもからたくさん引き出し、その中から子どもにできそうなことを選ばせるところがポイントです。

忘れ物をする子どもは、たびたび忘れてくることが多いので、そのことを何とも思っていないかのように、先生からは見えるかもしれません。でも決してそうではありません。その子も考えているのです。子どものできることを引き出していきましょう。

(2) 宿題をしてこない

宿題をしてこないのは、やや勉強の苦手な子に見られるかもしれません。放課後、こんなやりとりをしてみてはいかがでしょうか。

先　生「○○さんは宿題をやってこないことが多いみたいだけど、先生ちょっと心配してるんだよ」
子ども「……（気まずそうな表情）」
先　生「でも、宿題がちゃんとできていることもあるよね。いつもそうなると先生うれしいんだけど」
子ども「はい……」
先　生「宿題がちゃんとできる時ってどんな時？」
子ども「お母さんが、家にいる時とか……」
先　生「他には？」
子ども「眠たくない時とか……」

先　生「他には？」
子ども「えーと、宿題が簡単そうで、すぐできそうな時とか……」
先　生「今たくさん出たけど、お母さんが家にいなくてもできそうなことはどれ？」
子ども「えーと、できそうな内容の宿題の時かな？　なんか宿題する気になるし」
先　生「へーえ、できそうな内容の宿題の時はできるんだね。どんな内容だったらできそうだと思うのかな？」
子ども「わかる時」

コーチングのポイント

たくさん答えを聞いた後に「今たくさん出たけど、お母さんがいなくてもできそうなことはどれ？」と具体的な行動に結び付けると、解決に近づきます。

ここでもできそうなことが「ある」か「ない」かではなく、できることがあることを前提に、できることは「どれ？」と聞くのがポイントです。

宿題は、家庭環境が厳しい子には、本人の責任に帰すだけでは難しい場合があるので、配慮のもとに行うようにしてくださいね。

（3）掃除をしない

他の子が掃除に真面目に取り組んでいるのに、どうしてもぶらりぶらりと気が乗らなくて遊んでしまうなど、集中してやらない子がいます。

先　生「なかなか掃除に集中できないね」
子ども「ごめんなさい。ついしゃべってしまうんです」
先　生「じゃあ、おしゃべりしないと、掃除に集中できるの？」
子ども「まぁそうかなぁ」
先　生「どうしておしゃべりしないとできるんだろうね？」
子ども「しゃべらないと掃除するほうに目が向いてきれいにしようかなと……」

いつも掃除に集中できない子ではないので、どんな時ならできるかを聞いていきます。ここでのポイントは、子どもの使った言葉をつなげていくことです。あせって、「なぜ掃除をやらないんだ！」とか「口を動かさないで手を動かしなさい！」とか言いたくなる気持ちはよくわかりますが、**コーチングでは子どもが発する言葉をつなぎながら本人に解を探してもらいます。**コーチ（ここでは先生）の役割は、子どもの言葉を拾ってつなぎ、本人が考えることを手伝い、本人に結論を導いてもらうことです。

担任の先生は、このクラスでは、おしゃべりをしてしまうことが多いことを改めて反省しました。そこで「どうしたらよいか、みんなで考えよう」と学級会で提案したのです。子どもたちは、自分たちで話し合い、掃除中は黙って行うことに決めました。「黙って掃除！」というプロジェクトの始まりです。黙って掃除をするので、何か伝えたい時はジェスチャーで示します。これが大成功！

コーチングのポイント

掃除をしない子へのコーチングを周りの子がなんとなく聞いていたこと、みんなで再度一緒に考え、具体策をみんなで決めたのがよかったのでしょう。

学級では一人にコーチング的な指導をしていても、周りの子もそれとなく聞いています。それを意識しながら個別指導を行うのがポイントです。

(4) 服装が乱れている

服装はファッションを通した自己表現でもあるのですが、男子であれば粋がってズボンを下げてみたり、女子であれば露出の多い格好にしたりと、ちょっとどうかな?と首をかしげたくなることがあります。校則の服装規定に書いてあるかどうかにかかわらず、また表現の自由も認めつつ、やっぱり気になってしまいますよね。

先　生「その服装、先生はちょっと気になるなぁ」
子ども「そうですかぁ?」
先　生「なぜ、先生はその服装を気にしていると思う?」
子ども「う~ん、ちょっとみんなとは違うかもしれない。でもカッコイイと思う」
先　生「どういうところがカッコいいの?」
子ども「ここらへんの色とか、このあたりのゆる~い感じとか」
先　生「なるほど……。ところで君はどこの高校に進学するつもりなの?」
子ども「○○高校かな……」

先　生「○○高校か、いいね。どうですか？　行けそう？」
子ども「ちょっと難しいかな……」
先　生「じゃあ、○○君が○○高校に合格したとして、その時もそんなゆる～い感じでカッコよく○○高校の制服を着てるのかなぁ？」
子ども「う～ん、わからない」それとも「○○高校に入れたら、こんなことしてないよ」、あるいは「もちろん！」かもしれません。

重要なのは、一度の会話で解決してしまおうと急がないことです。

服装について考えるきっかけを、子どもに与えるところから始めてみましょう。そして、まずは観察してみてください。ここでは、まず、なぜ先生がその子の服装が気になるのか、逆に生徒に聞いてみるという方法をとっています。「なぜ、先生はその服装を気にしていると思う？」と。先生が服装の乱れを心配する理由を、この事例では答えていませんが、必要であれば先生としてというよりはむしろ人生の先輩として中立的な立場で明確に説明できるとよいですね。普段から学生の制服に対する先生なりの答えを準備しておいてはいかがでしょうか。

もし乱れた服装に関して、どうしても子どもが持論を譲らない時は、その結果生じたどんなことにでも自分で責任を取らなくてはいけないことをわからせる必要もあります。「何でこの服装じゃまずいんですか?」とか「ヘビメタのロックスターになるんだからいいじゃないか」などと言われた時に、子どもが納得できる答えをちゃんと返せるでしょうか? 子どもの屁理屈に「べき論」では対応できません。結局「しなければならない」で終わってしまうと、子どもが納得しませんし、やらされ感はぬぐえないです。

コーチングのポイント

服装に関しては、先生方もご苦労されているかと思います。先生はどうしても義務感からか思い込みが強くなり、命令的あるいは誘導的な指導になりがちです。難しい対応であることに間違いないわけですが、**筆者らがいつも、「構え（スタンス）」と言っているのは、問いかける側が、自分の問いかけることにどこまで個人的な価値観や評価を持ち込まず、中立的な立ち位置でいられるか? そういう構え（スタンス）を維持することが大切です。明確な目的と目標を持っているかが問われます。**

それから、ここのコーチングで見て取れることは、直接服装とは関係のない将来像の話に途中から話題を転換しているということです。今の状態を子どもに俯瞰してもらいながら、本人に気づきを促すという流れになっています。直接問題となっていることをちょっと脇において、別の視点から迫るのも一つの手です。

以前、筆者（原田）は子どもに「どうして勉強しなくちゃいけないの?」と問われ、答えを模索したことがあります。一般的な答えや、親の希望などを入れないで、なぜ人は学ばなければいけないんだろうと改めて真剣に考えました。人として社会で自立して生きるためには、人生のどこかで、何かを本気で学ぶ必要が必ず出てきます。そういう事態にぶつかった時に、自ら考える力が培われているかどうかが大切です。その力を鍛えておくために小学校や中学校で学ぶんだよというようなことを子どもに答えました。子どもが納得したかどうかはわかりませんが、その後、同じ質問が出てくることはありませんでした。

先生方にとって、服装に関する対応は非常にレベルの高いレッスンになると思いますが、立ち位置を意識して、「一緒に取り組もう」というスタンスで臨んでいただければと思います。

（５）遅刻が多い

遅刻が多くてなかなか時間通りに登校できない子どももいます。不登校気味であったり、本人よりむしろ家庭に課題が多かったりということもあるので、注意深く、状況をよく見極めて慎重に臨んでください。

先　生「今日は遅刻したけど、学校に来てくれてほっとしているよ」
子ども「また遅刻しちゃった……」
先　生「そうだね、遅刻が少し続いてるよね。何かあったの？」
子ども「最近、お母さんがあまり起きてくれない。お父さんは早く出かけるし……」
先　生「それは大変ですね。他にも何かありましたか？」
子ども「……」
先　生「そんな中でも学校にちゃんと来られる日があるよね。そういう日はいったいどうやって学校に来ているの？」

遅刻をしたのであれば、先生からよく思われていないことは本人もわかっているのでしょう。ですので、まず学校に来てくれて「よかった」あるいは「心配していた」といったことを伝えてあげてください。

そして、遅刻しがちなことについて本人はどう感じているのか聞いてみましょう。決してお説教や小言っぽいことは言わず、ただひたすら子どもの話を聞くことです。これがうまくできると信頼関係が構築できます。

現状がつかめたところで、例外質問です。「遅刻が多い」「不登校」といった、子どもの問題行動とされるものでも100パーセントそういう行動をしているわけでない場合がありますね。例えば、遅刻が多い、だけど時間通りにくる日もある。不登校、だけど1学期に何日かは登校する、といった例です。**こういう解決につながる望ましい例外行動を見つけ、なぜそれができたのかを明確にしていく質問を「例外質問」と言います。**これは、解決の芽を見つけるきっかけになるとても有効な質問です。

事例では、「そんな中でも学校にちゃんと来られる日があるよね。そういう日はいったいどうやって学校に来ているの?」「何があったから時間までに登校できたの?」と聞いてあげましょう。また、「お母さんが起きてくれなくても、一人で起きられる方法は何？」と聞くこともできるでしょう。親に頼るのではなく、「自分のことは自分でする」ことに気づく機会になるかもしれません。

「なるほどね」とか「ほかには？」「もっとある？」というふうに、たくさん聞き出しましょう。まずは、ここから始めてください。

その子が入っている部活動や、部活動ではどんな楽しいことがあるのか、あるいは将来の夢などを聞いてあげるのもよいでしょう。

コーチングのポイント

決してやってはいけないのは、「本人に問題がある」あるいは「本人自身が問題だ」とすることです。**「本人」と「問題」は、分けて対応することが大切です。**

「学校に行きたくないなぁ」なのか、本人以外の問題で「行けない」のか、そのあたりから聞いてみるとよいと思います。「最近、遅刻する日が時々あるよね、少し話を聞かせてもらえるかな」というように、まずは事実だけを伝えます。

遅刻してしまう「理由」は何なのか、どうすれば遅刻せずに学校に出てくることができるのかをしっかり聞いてあげるとよいでしょう。

(6) けんかで手が出る

けんかで手が出てしまう子には、言葉で説明したり説得したりするのが苦手な子が多いように思います。

先　生「手を出したのはまずいね。人を傷つけちゃいけない。先生はこれからいろいろ聞くけど正解はないから、自分の思ったことを正直に答えていいんだよ」

子ども「(力ない声で)……はい」

先　生「言い争いになって手が出たようなんだけど、手が出た時ってどういう気持ちだったのかな?」

子ども「文句を言われてイラッとした」

先　生「そうだね、文句を言われたら誰でもイラッとするよね。でもさ、中にはイラッとしても手を出さない人もいるじゃない? もしもだよ、○○君が手を出さないでいられたらよいなと思っているなら、一緒にどうすればよいか考えてみようと思うけど、どうかなぁ?」

子ども「はい」
先　生「なぜ、そういう人はイラッとしても手を出さないんだと思う？」

決して一回で答えの出る問題ではないと思います。手が出やすい子どもは、感情のコントロールが苦手なこともありますが、感情を言語化するということがとても苦手です。コーチングは、この言語化を促すということを同時に行います。言葉で質問し、言葉で返す。その繰り返しです。

コーチングのポイント

コーチングの質問は、もともとこれだという正解を求めているわけではありません。ですから「先生はいろいろ聞くけど正解はないのだから、自分の思ったことを正直に答えてよいんだよ」と、前もって伝えておくことが大切です。

その上で、言葉で説明するのが苦手な子どもには、具体的で答えやすい質問を行うのが大事です。

(7) 進路で悩んでいる

ここでは、進路に悩んでいる男子高校生の例を挙げます。職業に関する情報は、世の中にいっぱいあふれているのに、体験したことが少ないため、自分がどんな職業に向いているのかわからない子も少なくありません。なかなか将来の職業についてコレと思うほどピンとくるものが浮かばないのです。仕方がないかもしれませんね。

先生「志望校は決まったかな?」
生徒「いえ、なりたいものが何だか決まらなくて」
先生「君の興味のあることってどういうこと?」
生徒「いろいろあって。物理学に一番興味があるけど、経済学や演劇のようなものも好きだし、とにかくいろいろ興味があって一つじゃないんです」
先生「家に帰ってからは何をしているの?」
生徒「DVDを見たりしてる」
先生「どんなDVD?」

生徒「アクション系とか」
先生「他にはどんなことしてるの?」
生徒「物理学に関する本をよく読んでいます」

一度に複数のことではなく、一つのことを中心に質問します。この期間は長いかもしれません。あれこれとアドバイスしたくなるのはやまやまですが、コーチングではそれは決してしません。ですので、質問しながら傾聴することに徹するようにします。

繰り返される質問を通して、自分自身のことや自分の将来について整理し、じっくり考えることができるようになって、あるきっかけを機に突然変わったりもします。

コーチングのポイント

進路は、長く生きている私たち大人ですらこの選択でよかったのかと悩む難しい問題です。子どもの人生を大きく左右します。ですので、**進路は子どもに任せ、子どもに決めてもらうことを、いつにも増して意識しておくのがポイントといえます。**

（8）人とうまくかかわれない

人とうまくかかわれず授業を受けるのが苦しいと言って相談に来る子どももいます。その際、子どもの言うことを聞くだけではなく、かといってこちらから答えを与えるだけでもなく、その子どもに考えてもらい、自分で結論を選択してもらうことを意識した指導、すなわちコーチングを用いて指導しています。

生徒「相談があります。実は、友達の中にいるのがちょっとしんどいんです」
先生「しんどいってどういうことですか？ 少し詳しく教えてくれるかな？」
生徒「なんだか自分をうまくというか素直に表現できなくて。これは言っていいのか、あれは言わないほうがいいのかといちいち考えてしまって、結局発言もできなくて、何だか息苦しいというか……人の顔色ばかり見てしまって……」
先生「なるほど。じゃあ、君はどうなりたいわけ？ どういう状態になればいいの？」
生徒「もっと自然と人とかかわりたいんです。緊張しないで、普通にしゃべったり、発表したりしたいんです」

先生「自然と人とかかわるって、具体的にどんなことをしているのかなあ？」
生徒「う～ん、気づいたら人としゃべってたとか」
先生「緊張しないでどんな風に過ごせているとよいのかなぁ？」
生徒「友達と冗談言えてたりするといいなあ」
先生「普通にしゃべるとは。どういうふうにしゃべること？」
生徒「家族としゃべるときみたいに話せること」
先生「じゃあ、ほんのたまにでも、今までに1回だけでもいいんだけど、やれたなと思うことは何？」
生徒「この前気づいたら○○君と自然と話していたことがありました」
先生「ほかには？」

自分のなりたい姿が明確に具体的にならない限り、次の一手は浮かびません。

こうしたやりとりを繰り返しながら、ある子どもでは、「自分が一番醜くて隠したいと思っていることを友達に知ってもらう」と結論しました。自分なりの解を実行した後の彼の心境は、以下の通りです。「この経験から、人とつながりたいと思って待っているだけでは状況は変わらず、自分から仲間に歩み寄っていくことの大切さを学びました。自分が思っているよりもずっとみんなは温かく自分を迎えてくれることに気づくことも、最後の一歩は自分から踏み出すことが必要であるということも学びました」。彼なりに考え、結論を出し、行動を起こし、自らの力で課題を一つ克服していったわけです。

コーチングのポイント

何度か出てきましたが、**コーチングをすると決めたら、相手の話に出てくる内容や言葉から大きく逸脱しないことが大切です。**

相手の使った言葉を拾って、なぜそう思うのかを聞き、内容を深めたり、抽象的な言葉を具体的にしたりするための質問を投げかけましょう。そういう問いに答えることで、相手は頭の中が整理されます。

第4章

集団指導を意識したコーチング

1 集団コーチングに向かう前に

個別コーチングに加えて、集団コーチングというのがあります。集団でのコーチングには、一対一のコーチングとは異なる目的があります。まずは、そこから説明していきます。また集団コーチングのことを、通常「グループコーチング」と言うため、以下グループコーチングと記すことにします。

学級内で何か問題が起こった時、それをクラス全員がチームとして解決できるようになることを目指します。そのためには、子ども一人ひとりが、前向きにグループコーチングに参加し、発言することが不可欠です。

普段から発言しやすい子どもばかりが意見を述べ、一部の活発な子どもたちだけで問題を解決していたのでは、グループコーチングにはなりません。「チーム」として解決に向かうためには、そこに参加している子ども一人ひとりの貢献が必要です。すべての子どもが自分の考えていること、感じていることを人に伝えられるようになることが大切なのです。

特に、普段ほとんど意見を言わない子ども、全員参加の活動にいつも他人事のようにしている子どもたちをうまく巻き込んで、このグループ内での対話に参加させるのがコーチである先生の役割です。どの子も発言できるグループコーチングにするために大事なことが、実は「安心安全な場作り」です。どんな小さなことでも、ほんのちょっと気づいたことでも、何を発言しても受け入れてもらえる場なのだと感じられる必要があるのです。そういう場作りがうまくいくと、子どもたちから活発な意見が多く出るようになり、子どもたちの発言力を高めることができます。こういう環境設定を行うために役立つのが「グラウンドルール」の策定です。

「グラウンドルール」とは、意見の出やすい雰囲気を作るために、またグループコーチングが重たい雰囲気にならないために「すること」「しないこと」を全員で決めておくルールのことです。

誰かが意見を言ったとたんに、「そんなの無理！」とか、「できない」「○○さんが悪い！」というような、否定や批判の意見が出てこないとも限りません。ですから、あらかじめグループコーチングを行う前にルールを決めておくのです。基本的には全員で決めるのが原則ですが、あらかじめ先生が決めておいてもよいのではないでしょうか。必ず入れていただきたいのは次の項目です。

- **時間を厳守する。**
- **人の意見を否定しない。**
- **人の悪口を言わない。人を批判しない。**
- **相手の話を途中で遮らない。**
- **どんなことでも気づいたことを述べる。**

できるだけ和やかな雰囲気で行ったほうが意見も出やすいので、ユーモアのあるルールをいくつか取り入れるのもいいと思います。

これまでにかかわった例を挙げれば、「話

1. 時間厳守
2. 全員発言
3. 否定・批判をしない
4. 反対意見大歓迎
5. ……
6. ……
7. ……

グラウンドルール例

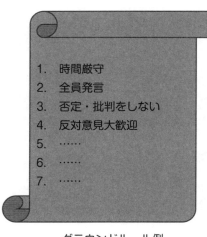

が煮詰まったら立って話す」「丁寧な言葉ではなく、ため口で話す」「イエローカード3枚で全員にジュースをおごる」などですが、これらはあくまで一般企業での例なので、ほんの参考程度に。

学級でのグラウンドルール作りは、皆が楽しく話し合える場作りに役立ちそうなものがあれば加えてみてください。グループコーチングの中では、少数の反対意見も貴重ですので、そういう意見が出にくい雰囲気になることは避けたいものです。それもルールとして「反対意見大いに歓迎」としておくのもよいかもしれませんね。

一つお勧めするのは、どんな意見にしろ、意見を述べる時にその意見の根拠・理由を言わせることとです。

近年ますます世の中はグローバル化が進んでいます。しかしながら、日本人は「コミュニケーション能力」にあまり長けていません。

実際、相手と議論をする時に、自分の考えをアピールするのが苦手ですし、自分の意見についての根拠をきちんと述べられない人が多いのです。社会に出ても、自分の意見を全く述べないで、その場をやり過ごす傾向のある人は、当事者意識が低いように思います。当事者意識が低いと、責任感も生まれてこないのです。何があっても人ごとのままで、公人として、あるいは個人としての自己成長が望めません。きちんと自分の意見とその根拠を述べる習慣を子どもの時から培っておくことは、将来自立した大人に成長するためにキャリア教育の観点からも大切なことだと考えます。

そのためにも、**グループコーチングは、誰もがグラウンドルールに違反しない限り、何を言っても受け入れられる場なのだと理解してもらうことが大事です。**

普段から発言しない子どもには、「さっき○○さんが言った意見に対して、△△さん（発言しない子ども）はどう思いますか?」などと、先生のほうから指名するなどして、少しずつ体験させてあげることも大切です。

意見を述べたら、「どうしてそう思うの?」と根拠を聞いてあげましょう。最初は「わかりません」と言う子どももいるでしょう。そんな時は、無理強いをせず「自分の意見に理由が言えるようになるといいよね」というように、少し先の目標を見せてあげるといいですね。

何度か繰り返すうちに「意見を述べる時は理由を言う」という思考習慣が身についてきます。その兆しが見えた時、あるいはきちんと理由をつけて意見を言えた時はすかさず承認してあげましょう。もちろん、根拠を伝えられなかったとしても、発言した子どもには、どんな意見であってもそれを承認することを忘れないでください。

自発的に参加することが、チーム全員での解決構築に役立つのだということも子どもたちに伝え続けていただきたいと思います。何度も言いますが、**グループコーチングは、何かを解決するためのツールとしてだけではなく、子どもたちが自分の意見についてなぜそう思うのかを人に伝える練習の場としてとらえていただけるとうれしいです。**半年後、1年後、子どもたちがどういうふうに成長していくのか、想像しただけでワクワクしてきませんか？

2 集団コーチングは学校で需要が高い

学級で指導を行う場面を思い起こすと、子ども一人に対して一対一で行う時もありますが、むしろ一対多の集団に対する指導が多いはずです。というのも、学級全体に対して一斉指導を行うというのが、学校現場の持つ一つの特質だからです。

学校という場は、授業はもちろん、朝の会や帰りの会、学級活動、どの場面をとっても多くの子どもがいて、その空間が成り立っています。

グループコーチングは、学級全体あるいは部活の子どもたちといった集団を対象にしたものです。例えば、学級会や道徳、朝の会や帰りの会、そして子どもの生活の核となる各教科の授業、あるいは部活動で困ったことがあった時など、みんなに考えてもらいたい時に使えます。

子どもは、学校という場で周りの仲間とともに育ちます。仲間に刺激を受け、お互

いに触発し合いながら、考えを広げたり深めたりして、自立へと向かうのです。学校ではそういった「集団の中で育つ」ということのメリットを活かさない手はありません。

目標を明確にしてグループコーチングを行うと、集団のパフォーマンスが上がるだけでなく、子ども同士でお互いにコーチングが使えるようにもなって、先生がいない時でも、コーチングが機能するようになります。

集団への指導を行う際、グループコーチングのスキルを活用してみませんか？

3 集団コーチングで周りも影響を受ける

グループの中で、たとえ誰か個人に焦点の当たったコーチングであったとしても、多かれ少なかれそのやりとりを周りの子どもも聞いています。すると、周りの子もコーチングを受けているその子を自分に置き換えて、先生（コーチ）から問われていることを頭の中であれこれ考えるようになるのです。

ある男子生徒が、バスケット部の部活動の中で、ディフェンス（防御）の甘さをコーチから指摘されています。コーチは、男子生徒に怒鳴ることなく冷静に

「自分ができていることは何か？」

「どのように移動したら無理なくできると思う？」

などと問います。

こうした指導を聞きながら、周りの仲間は自分だったらどう動くかを自問自答する

のです。もし男子生徒がコーチから叱られたり、怒鳴られたりしているだけなら、恐怖心ばかりが先立ち、どうやったら自分は叱られないかのみを考え、自分のプレーをどうしたらよいかと前向きに考えることはできないでしょう。

個人に対するコーチングではなく、グループでのコーチングとなれば、集まって話し合いをして考えを確かめ合ったり、深め合ったりすることもできます。その点でも集団の構成員、すなわちグループコーチングを受ける子どもたちにとってとても有益です。

解を導こうとする際に、人の考えを聞くことによって自分とは違う考え方があることを知ったり、解は一つではないことを理解したりするなど、認知の拡大・修正がグループコーチングの際に自然となされるのです。

さらに慣れてくると、自問自答しながらセルフコーチングができるようにもなります。自分のことを自分で俯瞰し、冷静に考え、判断できるようになると、子どもは自然と自立していきます。

4 集団コーチングの流れ

では実際に、グループコーチングはどのように進めていけばよいでしょうか?
流れは、テーマの難易度や大小で異なってきますが、基本は次の通りです。

グループコーチングの「流れ」
①何について話し合うのか伝える
②グラウンドルールを確認する
③どこまで解決できるかの目安を立てる
④意見交換する
⑤意見交換した内容を確認する

流れに入る前に、先生自身が**グループコーチングの目標を設定する**ことは、非常に大切です。グループコーチングが終了した時に、問題がどこまで解決できていればよいか、また、解決に向けてのヒントが得られていればよいかなどです。あるいは「全員最低1回発言」というようなものでもよいでしょうし、先生自身のスキルに関することでも大丈夫です。

必ずその時間内に確実に達成できる小さな目標にしてください。コーチングで目標を設定しても、達成できない理由の多くは、目標そのものが大きすぎるからなのです。最終目標を達成するには、そのプロセスで達成しやすい小さな目標に分解し、それを一つひとつ達成しながら、できたことに対する自信を積み増ししていくことが近道です。そのために、達成可能な小さな目標に分解して話し合うとよいでしょう。

①何について話し合うのか伝える

グループコーチングを始める時は「何について話し合うのか」を、まず伝えましょう。そのテーマが、クラス全員で話し合って解決できる問題である場合「最近○○なことがよく起こっています。今日はそれについてこれから話し合いをしたいと思います」という感じです。

②グラウンドルールを確認する

前もって作っておいたグラウンドルールを確認します。大事なことは「全員参加」です。どんな小さな意見でも、積極的に発表するように子どもに伝えてください。

③どこまで解決できるかの目安を立てる

グループコーチングの時間が短い場合、時間内でどこまで解決できているかを全員でイメージしましょう。限られた時間内でどこまで問題が明確になっているかについて、自由に想像してもらいます。これについては、当然正解はありません。あくまで、クラスの雰囲気を明るくするためのアイスブレークだと考えてください。

※アイスブレーク：会議などの前に、硬い雰囲気を和やかなものにするための手法。ゲームなどを使う。

④意見交換する

反対意見も含めて、できるだけいろいろな意見が出るように、先生から促してください。

・「○○しなくなるようにしよう」というような、否定形の答えが出てきたら、必ず肯定形に言い換えてもらいましょう。例えば「○○しなくなる代わりに、何をしていればよいと思う？」というような感じです。
・子どもが抽象的なあいまいな表現をした時は、必ずそれを具体的に言い換えてもらいましょう。
・「今言った『○○』とは、例えばどんなことですか？」という感じです。
・意見の出ない子どもには、先生から「○○さんは、今の意見に対してどう思いますか？」と促してあげることも大切です。
・テーマや問題を解決するのは「解決すること」自体が目的ではないはずです。チームとしてテーマを解決した後の「望ましい未来像」を想像させることがとても重要なのです。「全員で協力して教室の掃除をする」というテーマであれば、「全員で協力し合って掃除したきれいな教室で勉強をしている私たちは、どんな気持ちになっているだろうか？　どんなクラスになっているだろうか？」などをイメージすることが大事です。例えば、掃除そのものはやりたいことではないかもしれません。しかし、「望ましい未来の姿」にワクワクするような、気持ちのよくなるような要素があれば、達成しやすくなります。ですから、「解決後の姿」を明確にしておくことが必要です。
・解決像に向けて、既に「できていること」は何かを問います。
・どんな小さなことでもよいのです。きっと何か解決に結び付く芽があるはずです。「解決の芽」探しは、できていないところやその原因ばかりに目が向いている状況から、「もう既にできていることは何?」という点に視点を変えてくれます。この手法を習慣化すると、将来子どもたちが困難にぶつかった時、きっと役に立ちます。もちろん先生方にも大きなメリットがあります。できているところを探そうとする姿勢は、子どものモチベーションを上げるだけでなく、先生に対する信頼関係も深くなりますし、クラスの団結力も向上します。
・意見が出にくい時は、聞き方を変えます。
・意見が出にくい時は、もっと「増えるとよいもの」「減るとよいもの」という聞き方をするのも効果があります。

⑤意見交換した内容を確認する

最後に、その日話し合った内容を確認する時間を取ってください。③で立てた「目安」まで進まないかもしれません。それでも、その日どこまで話し合ったか、何が決まったかなどを皆で確認しておきましょう。

終了後は、先生が設定した自分自身のグループコーチングのゴールと照らし合わせて、何がうまくいって、どんなことが満足できなかったかなど、振り返りをしてください。回を重ねる度に、手応えが出てくると思います。

限られた時間で、この流れを全部こなすことは難しいかもしれません。使える時間に応じて、これらの項目の中から、テーマと時間、その時の状況に応じて対応していくことはできると思います。何回かに分けて、まずは一通りやって見るのもよいかもしれません。

グループコーチングは、最終的に、「自発性」「協調性」「創造性」「相手の立場を理解する」などを養うことを目的としています。ですから、問題を適切に解決できるかどうかよりも、グループコーチングの中で、子どもたちがどう成長していくかに焦点を当てて、観察していただきたいのです。

チームで解決するためには、先生にはコーチとして「子どもにどう働きかければいいか」という対人能力が必要となります。

何度もお伝えしているように、**解決するのは子どもたちです。それをしっかりと踏まえた上で、その解決へのプロセスで自分は何をすべきかに集中してください。「指示命令」「過度の提案」「ティーチング」を極力減らし「子どもの力を引き出すこと」に力を注いでください。**

進行に詰まったら、「ここで先生は何を聞けばよいかなぁ？（笑）」「何を聞いてほしい？」などと、たまには楽しく子どもたちに投げかけるのもありですよ。

5 集団コーチングの具体的場面

（1）４月の学級会

学級会では、話し合いの機会がたくさんありますから、議題によっては少し意識してコーチングを活用してみるとよいかもしれません。以下に、４月に学級開きをしたばかりの教室で、学級にはどのような係が必要かを考えていく場面を取り上げてみました。

流れ①　何について話し合うのか伝える

「新しい学級になりました。私たちのこの学級にはみんなでうまく協力して生活するために係が必要ですね。今日は、私たちにどんな係が必要かを考えましょう。この学級に必要な係を決めるので、これまでの学級にあった係とは違ってよいです。どんな係がいるか考えを出し合っていきましょう」

流れ② グラウンドルールを確認する

「必要だと思う係を、どんどん発表するようにしましょう。その際、なぜその係がいるのか、あったらいいなと思うのかなど、理由も言いましょう。人の意見を馬鹿にしたりしません」

流れ③ どこまで解決できるかの目安を立てる

「今日は、必要な係を決めるところまでにします。誰がその係になるのかは、明日決めましょう」

流れ④ 意見交換をする

自由に意見交換を行いますが、意見交換時には以下のような点に配慮しましょう。

・なぜその係が必要なのかが明確になっていなければこちらから質問する。

・なぜその係が必要かの問いに否定形で答えた子どもには、肯定形に言い直してもらう。例えば「その係があったら、みんなが○○しないようになるから」という答えを言った時は、「みんなが○○しない代わりに、どんなことをしていたら（どうなっていたら）よいと思いますか？」と問い返す。目標のための行動策定に関しては、具体的でかつ肯定的な行動の形で述べられないと、実践することが難しいのです。

・その係があると教室がどんなふうによい状態になるのか質問する。この質問に対しても、やはり、否定形の答えは肯定的なものに変えてもらいましょう。**肯定的に答えて初めて、「よい状態」とはどういうものなのかがイメージできます。**

・「えーっ」などという友達を否定する声には「もっとちゃんと理由を聞いてみよう」「『えーっ』じゃなくて、なんて言いたかったのかな？」などと、友達の意見に耳を傾けるよう促し、グラウンドルールの再確認を行う。そしてもし、この「えーっ」が反対意見であるなら、とても貴重な意見になり得ます。ですから、「えーっ」を具体的に表現させる時には、「先生は決して『えーっ』を非難しているのではない」という気持ちが伝わる言い方をしてください。子どもが「叱られた」と感じたら、反対意見は出にくいものになってしまいますよね。**先生はあくまでも、言葉で表現することが大事なんだという構え（スタンス）でファシリテートしてください。**

・理由を聞いて、やはりこの学級にはいらないと全員の合意があった係は削除する。

流れ⑤　意見交換した内容を確認する

「今日は、みんながこの教室をより快適にするためにいろいろな係が提案されました。黒板でもう一回確認しましょう（少し時間をとって黒板を見る）。この係で教室が快適になるといいですね。みんなでよい学級をつくっていきましょう。明日は、誰がどの係になるのかを決めていきます」

コーチングのポイント

まず先生が**ファシリテーターとして中立の立場を踏まえているかどうか**がポイントです。「係の必要性」について全員でシェアし、参加者が発言できているか、一人ひとりが考えられているか、考えが人の意見と異なる場合、それをきちんと発言できているかなどに気を配る必要があります。そのためにコーチである先生は適切な質問をすることが大事です。時には、一人の意見を「今の意見についてはどう思いますか」とほかの子どもに振って、それぞれの考えを聞くことも、お互いの考え方を理解し合う上で役立ちます。

（2）部活動のミーティング

部活動では、部員が主体的に参加できなければ、何を意識して練習したらよいのか、あるいはどこを目指して練習したらよいのかがわかりません。そうなると練習の密度は濃くなりませんし、練習したとしてもその効果はあまり上がらないでしょう。部員にどういったスタンスで練習に臨めばよいか、どんなメニューで練習したらよいかなど、ミーティングを行う際に、コーチングを活用できるのではないでしょうか？

流れ①　何について話し合うのか伝える

「最近、練習がちょっとマンネリ化していて、試合に勝てないことが続いています。そこで、今日は練習の仕方をどう変えたらよいのかについてみんなで考えてみたいと思います。よろしいですか？」

こういう流れで始まるミーティングをしていませんか？ コーチング的なアプローチの観点からすると、一点困ったことがあります。さて何でしょうか？

「教えるのではなく『問いかける』」（79頁）の内容を思い出してください。「抽象的なものは具体的に」という大切なポイントがありましたね。この提案の中では、どの言葉が抽象的なのでしょうか？

はい、そうです。「マンネリ化」という表現ですね。コーチはいったい何を「マンネリ化」と捉えているのか、部員に具体的なものが伝わっているでしょうか？　マンネリ化の中で、特に何を改善したいと思っているのか、コーチ側に目標があるでしょうか？　試合に勝てないことの理由として、練習のマンネリ化が原因だと決めつけていないでしょうか？

コーチのこの提案の中には、「マンネリ化」「試合に勝てない」「練習の方法」の大きな3つの問題が混在していて、「試合に勝てないのは、練習がマンネリ化しているからである。ゆえに練習方法を見直す必要がある」という、結論ありきの提案になっています。コーチ側からのこの提案が機能するには条件があります。

それは、①運動部に勝つことが求められていて、②これまでその結果を出している部であり、③部員も「勝ちたい」という気持ちで入部している時です。

しかし、一般的な学校の部活動では、どうでしょうか？　一生懸命練習してうまくなりたい部員もいれば、単に楽しみたくて入っている部員もいるでしょう。それでも、コーチ側から「現状を変えたい」という思いがある場合は、まず部員に現状をどう思っているのかを問いかけることから始めるのが、結局は一番の近道です。事例の場合で考えてみましょう。

■練習の「マンネリ化」が気になっている場合

それを具体化して聞く。

「最近、練習が○○だという感じがします。それについて今日は話し合いたいのですが、みんなはどう思っているかなぁ？」

■「試合に勝てない」ことについて話し合いたい場合

「以前に比べて、最近は試合に勝ててないよね。それについてみんなはどう思う?」

■練習方法の改善が必要だと感じている場合

「今日は、今の練習方法について話し合いをしたいんだけど、まずはみんなの意見を聞きたいと思います」

■そして最後にこういう方法も

3つの課題を挙げ、どれから話し合うかの決定権を部員に与える。

「最近のバスケ部を見ていて、先生が感じていることを伝えますね。1つ目、練習が○○になっている。2つ目、最近は試合に勝てていない。3つ目、練習方法について気になっている。この3つなんですが、みんなは最近のバスケ部についてどう思っているかなぁ? 今日はそれを話し合いたいのですが、どれから始めたらよいでしょうね?」

部活動が低迷しているのであれば、きっと部員も何か感じているはずです。もしかしたら、この3つ以外にも何かテーマが出てくるかもしれません。先生が決めてしまわないで、部員から低迷の理由を掘り起こすこともコーチングです。

コーチング的に解決するためのポイントは、複数のテーマを「てんこ盛り」にしないことです。複数のテーマを「てんこ盛り」にしないことによって、コーチ役の先生自身も自分の思い込みに気づくことができます。小さなゴールを一つずつ解決できれば、かならず目標に到達します。

流れ②　グラウンドルールを確認する

「この辺を変えたらどうかな？　と思うものをどんどん言っていきましょう。その際、なぜその点を変えたらよいのか、理由も言いましょう。他の部員の意見を馬鹿にしたりせずに、それぞれの立場でいろいろ意見を出し合って、少しでも解決に近づく話し合いにしましょう」

※悪い例「少しでも強いチームになれるように話し合いましょう」

流れ③　どこまで解決できるかの目安を立てる

「今日は、みんなから先生や上級生が練習メニューややり方を変えていくための材料をいろいろもらえる時間にしたいと思います。どんな意見でもよいので、ぜひみんなの意見が聞きたいです。それぞれの考えを言ってほしいんだけど、先生や上級生がこれからどう取り組んでいけばよいかがわかるような発言をしてくれるとうれしいです。今日は、意見をたくさん出すところまでを目指しましょう（みんなが出してくれた案がすべてかなえられるわけではないけれど、いろいろ意見を出してもらえないとみんなの考えがよくわからないし、先生や上級生もどうしていったらよいか迷うことも多いのです。みんなで話し合ってみましょう。※（　）内は否定形が多過ぎるダメな例）」

流れ④　意見交換をする

意見交換を自由に行いますが、先生の行う質問は以下の例のようにポイントを押さえたものがよいですね。

・今の自分たちの状態ってどうだろうか？
・そもそもこの部活は君たちに必要なの？

・この部活をやると、どんないいことがあるの？
・この部活（競技）で目標とする姿ってどんな姿ですか？（ここも時間を費やす）
・その目標とする姿を10として、今の自分たちは10段階で言うとどれくらいですか？
・それは何ができているから、その数値なんだろう？
※この問いにはとても重要な役割がありますので、時間をかけて、多くの答えを引き出してください。自分たちのできていることが全員で確認できて、次にやることが具体的に見えてきます。
・今の状態から1段階上がった時は、何ができるようになっているだろう？
・それができるようになるために、具体的に何をしていけばよいと思う？

流れ⑤　意見交換した内容を確認する

「では、今日話し合ったことの中で、確かにそうだなと思ったことをみんなで確認しましょう。一人ひとり言ってもらえますか？」

「○○……」

「では、みんなが考えてくれたことを参考にしながら練習のやり方や練習メニューを先生もじっくり考えてみたいと思います。それについては、次回の部活でみなさんに伝えます。その後で、上級生は新しい練習メニューなどを考えてください」

コーチングのポイント

先生は無意識のうちに思い込みで決めつけていることも少なくありません。生徒自身が部活動の現状を問題だと感じ、何か改善が必要だと感じているかをまず明確にする必要があります。**曖昧な言葉を使うのを避け、部員に率直に聞いてみるところがポイントです。**

(3) 相手を認めてほめ合うワーク

コーチングは、できているところに着目して解決を目指すものなので、先に示したように、学級や部活といった集団の場でも活かすことができます。ここでは、個々のできている面に目を向けるワークを紹介します。

お互いの負の側面（できていないところ）に目を向けるよりも、できている面に目を向けたほうが集団として気持ちよく過ごせます。

相手を認めて言葉にするワークとは、お互いの「よいところ」を言葉にするというよりは、「以前より少しでもよくなったこと」「できていること」「頑張っているなと思うこと」、つまり「小さなできていること」を見つけ、それを言葉にして相手に伝える練習です。

流れ①　何について話し合うのか伝える

「今日は、お互いに今大変だな、しんどいなと思っていることを友達に知ってもらうためのワークを行います。ではまず、先生が大変だなと感じていることを話してみますね（先生がやってみて例を示す）」

流れ②　グラウンドルールを確認する

「今日は、お互いに自分が大変だなと思っていることを伝え合うのでしたね。相手の話をよぉ〜く聞いて、その後、そんな大変な中でも「○○さんがんばってるなぁ」とか「自分だったらこうだろうなぁ」などと感じたことを正直に伝えてあげましょう。注意点としてどんな小さなことでも、その人ががんばっていることを認めてください。そして決して否定することはしないでください」

流れ③　どこまで解決できるかの目安を立てる

「今日のねらいは、お互いのしんどさに気づいてねぎらい合うことです。相手の頑張っていることを伝え合うことで、伝えてもらった人がどういう気持ちになったかも発表してもらいたいです。お互いの気持ちに何か変化があったら先生はうれしいです」

流れ④　意見交換をする

「4人組になります。まず1番目の人が大変だな〜と思っていることを3分間話します。他の3人は、ただうなずきながら聞いてあげてください。基本的に質問はしません。その人が話し終わったら、他の3人はひと言ずつ、その人にがんばっているなぁと思うことを伝えてあげましょう。それが終わったら次の人も同じようにして、まず話し、その人に伝えるという流れです。それを4人で繰り返します。伝える時は、必ずその人のよい面に目を向けて伝えてください。○○さんがんばっているなぁ、できているなぁ、よいなぁと思うことだけですよ」

流れ⑤　意見交換した内容を確認する

「お互いにがんばっているところが少し理解できましたか？　友達のこんな点がすごいなと思ったことがありましたか？　あったらみんなに教えてください（何人かに聞く）」

「○○……」

「では、今日はお互いを理解し合う様子を先生も聞かせてもらって、うれしかったです。また、このような機会を設けましょう」

苦しくてもがんばっている時に、周りの人に認めてもらえるとてもうれしいものです。自信がつき、これでいいんだと自己肯定感もあがるでしょう。

以前、学校でこのワークをやってもらった時に、周りの人に認めてもらったことがうれしくて、泣き出した女の先生がいました。傾聴してもらったり承認してもらったりしたことが、とてもうれしかったようです。逆の見方をすれば、がんばっていても、それを周りの人から認めてもらうことが少ないのかもしれませんね。

コーチングのポイント

できている面に目を向け、それを口に出して言ってあげるところがポイントです。

気をつけてほしいのは、「できていること」のサイズです。どんな小さな成果でもよいのです。**ほんのわずかでも以前よりよくなっているとか、小さな進歩が認められるとか、ほんとうに小さな、小さな、できている面に目を向けることの大切さに気づかせられるような進行ができるとよいですね。**先生にとっては、子どもたちをよく観察する必要があるので、負担が増えるかもしれません。しかし、その分子どもたちの変化がたくさん見られます。

第5章

これからの時代を生き抜く子どもに コーチングは最適

1 主体的な生き方が求められる子どもたち

2015年8月、文部科学省の教育課程企画特別部会は「論点整理」をとりまとめました。そこには「2030年の社会と子供たちの未来」に向け「予測できない未来に対応するためには、社会の変化に受け身で対処するのではなく、主体的に向き合ってかかわり合い、その過程を通して、一人一人が自らの可能性を最大限に発揮し、よりよい社会と幸福な人生を自ら創り出していくことが重要である」と記されています。

2030年というのは、改訂予定の次期学習指導要領等（幼稚園は周知を経て2018年度から実施予定。小・中・高等学校は、周知、教科書の作成および検定・採択等を経て、小学校は2020年度から、中学は2021年度から全面実施、高校は2022年度から年次進行により実施予定）が役割を担うのはおおむね2030年であり、その指導要領で学んだ子どもたちを意識したものです。

中央教育審議会の教育課程特別企画部会が示した「論点整理」では、2030年を次のように説明しています。

「2030年には、少子高齢化が更に進行し、65歳以上の割合は総人口の3割に達する一方、生産年齢人口は総人口の約58%にまで減少すると見込まれている。同年には、世界のGDPに占める日本の割合は、現在の5・8%から3・4%にまで低下するとの予測もあり、日本の国際的な存在感の低下も懸念されている。

また、グローバル化や情報化が進展する社会の中では、多様な主体が速いスピードで相互に影響し合い、一つの出来事が広範囲かつ複雑に伝播し、先を見通すことがますます難しくなってきている。子供たちが将来就くことになる職業の在り方についても、技術革新等の影響により大きく変化することになると予測されている。子供たちの65%は将来、今は存在していない職業に就く（キャシー・デビッドソン氏／ニューヨーク市立大学大学院センター教授）との予測や、今後10～20年程度で、半数近くの仕事が自動化される可能性が高い（マイケル・オズボーン氏／オックスフォード大学准教授）などの予測がある。また、2045年には人工知能が人類を越える「シンギュラリティ」に到達するという指摘もある。

このような中で、グローバル化、情報化、技術革新等といった変化は、どのようなキャリアを

選択するかにかかわらず、全ての子供たちの生き方に影響するものであるという認識に立った検討が必要である」。

こうした「知識基盤社会」と言われるこれからの時代の子どもには、新しい知識・情報・技術を社会のあらゆる領域で、活動の基盤にしながら、主体的に一つひとつを選択し、決定して、逞《たくま》しく生きていくことが求められています。

つまり、子どもが主体的に考えられるか否か、主体的に人生を選択する力があるか否かが、彼らの生き方の鍵になるのです。ここにコーチングの力が期待できると筆者らは考えています。

実は、コーチングは授業にも有効です。先生方にとってはアクティブラーニングのファシリテートもコーチングで不思議なほど楽になるのです。今、授業ではアクティブラーニングが求められています。アクティブラーニングとは、教師からなされる一方的な講義を、受け身の姿勢で聞く形態の授業ではなく、子どもを授業に巻き込み、子どもの学習意欲を高め、思考を活性化させ、子どもが主体的・積極的に学んでいく授業形態のことを言います。**アクティブラーニングのファシリテートにコーチングの原理を組み入れると、授業がスムーズにいくようになって、やってみた先生はおそらく驚くはずです。**

アクティブラーニングの授業が、なぜ容易になるかというと、おそらく傾聴すること・承認すること・質問すること、この3要素が授業を行う上でも重要であり、その要素を組み込んでいくことで、授業は教師主体ではなく、子ども主体のものへとパラダイムの転換が起こるからではないでしょうか？

コーチングはコーチ（先生）が引っ張るのではなく、クライアント（子ども）が自分で解決していくものですから、アクティブラーニングに求められる「子ども主体の学習」という理念と重なるのです。

2 コーチングで主体的に生きる力を伸ばす

コーチング（coaching）は、teachingでもcounselingでもありません。つまり、上から一方的に教え込むわけでも、何らかの決まった鋳型にはめるわけでもありませんし、共感的に話を聞くだけでもありません。

コーチングは、子どもの中にある子ども自身が持っている解を、コーチの「問いかけ」によって、子ども自身で見つけ出していくのを手伝うものです。これは、まさに2030年という予測の難しい時代、あるいは明らかな解のない時代に向けて、適した指導法だといえるのではないでしょうか？

周りの大人が与えた解と自分で考えて選んだ解。たとえ同じ解であったとしても、自分で選んだ解に対しては、本人のその後の取り組み方が全く異なってきます。

以前、進路について相談してきた高校3年生の男子生徒がいました。自分で解を選び取るまで半年ほど長い時間を要しました。けれども、自分で解（将来なりたいもの）を見つけてからは、それまで自ら取り組むことのなかった受験勉強に主体的に取り組み始めました。やる気のなかった子が目の色を変えて勉強するようになったのです。合格するにはどうしたらよいのか、勉強の計画を含めて自ら考え、そしてやりきったのです。やらされているのではなく、すなわち受け身ではなく、主体的に生きるようになったのです。こうなると子どもは強いですね。

子どもが主体的に考えることが大事だということ自体は、よく言われますし、学習指導要領にもそうした記述はなされています。子どもが主体的に考えるようになってほしいと大人は思うのですが、なかなかそうならなくて、イライラすることも多いのではないでしょうか？

イライラするのは、大人が鋳型にはめようとしているからかもしれません。鋳型にはめたい気持ちもよくわかります。子どもよりも長く生きてきた大人は、より多くの情報を持っており、何が有利であるか、どんなリスクがあるかなど、ある程度わかりますから。でも、大人が考える有利だということも、グローバル化が進む変化の激しいこれからの時代においては、本当に有利なことなのかどうかわかりません。

既に価値観が変貌している、そんな時代に突入していることを、我々大人自身が、強く自覚する必要があるように思います。

3 コーチングで言語化を促す

自分の思いを言葉でうまく表現できない子どもが少なくないですね。この点がとても気になります。家族や地域の人との会話が減ったからでしょうか？　周りの大人が先回りして子どもの言葉を待たずにやってしまうからでしょうか？　ゲーム機等での一人遊びが増えたからでしょうか？　理由は明確ではないのですが、言葉がうまく使えずに、あるいは単語だけで話すなどして、思うように自分の気持ちや考えを伝えられないのです。

コーチングでは、子ども自身が持っている力を引き出すというのがその真髄ですが、先述したようにその代表的な基本原則が「質問」をすることです。それも解決志向（ソリューション・フォーカス）で重視される「肯定質問」です。「なぜできなかったのか？」といった「否定質問」や「詰問」ではありません。

「君は今、何ができていると思う？」「ほかには？」といった質問を繰り返しながら、子ども自身にとっても、まだ曖昧で十分に把握できずにいる思いを少しずつ口に出して、どうありたいのかを明確にしていくのです。

自分の思いを言葉にして表し、少しずつであったとしても言語化しながら、子ども自身でゴールを目指すことをねらいます。つまり、コーチングは、そのプロセスで、「言語化」という行為を子どもに求め、子ども自身の思考を言語にして整理することを促しているのです。

「好きなことはサッカーの他に何があるの？」

「今、できていることはどんなところ？」

「将来、君はどんな風にカッコよく仕事をしていると思う？」

「他には？」……

発達の途中にいる子どもには、こうやって「肯定質問」をされながら「言語化」していく行為が、不可欠なのです。質問されることで子どもは、新たな気づきを得たり、思考を深めたりしながら、自分の言葉で語れるようになります。他者から問われることによって、曖昧な思いを言語化できるようになるのです。**先生から、「君はきっとこう言いたいんですね」と、まとめられてしまうのではなく、自分自身の言葉で自分の思いを語れるようになることが大事なのです。**

4 方法論より構え（スタンス）

「コーチング」が日本に初めて紹介されてほぼ20年。最初はビジネスの世界で導入されたコーチングも、今ではあらゆる分野での活用が認められ、学校現場でもカウンセリングとは別のコミュニケーション方法として、ポジティブな変化を起こしているようです。ですから、教育現場で「コーチング」という言葉を知らない先生はいらっしゃらないのではないでしょうか。

では「コーチングって何ですか？」と聞かれたら、どう答えますか？

「学校管理職マネジメント研修」などにおいても、参加された先生方はコーチングに対する知識をある程度もっていて、「傾聴」や「アイメッセージ」という言葉もスムーズに出てくることが多くなりました。「コーチングとは何なのか？」という根本的なことより、「傾聴」や「承認」などといったスキルをどう使えばよいのかというのが関心事で、「どんな場面で、どのスキルを、どう使うのか?」といった質問がよく出ます。

この質問に対する答えは一つです。本当にたった一つしかないのです。**それは「構え（スタンス）」です。コーチングで、スキルを学ぶ前に最初に意識してもらいたいのは「構え（スタンス）」であって「どんな場面で、どのスキルを、どう使うのか?」といったことは、数をこなすうちに自然とわかるようになるのです。**

逆にコーチングの「構え（スタンス）」を無視して実践したとしても、単なる情報収集の質問に終わることがほとんどで、相手にとって望ましい解決を見つけるサポートはできません。ですから、「構え（スタンス）」をぶれない軸としてしっかり持っている限り、そんなに心配しなくてもコーチングに失敗はありません。その立ち位置が方法論より大切なのです。

実際に、「コーチングを使ってみたら、子どもが変わり始めた」と感じる先生たちが年々増えています。具体的なスキルなどは、先の章で詳しく述べましたが、ここで伝えておきたいことは、**遅刻するとか、宿題を忘れるなどの問題を解決できるのは子ども自身であって、先生や親ではないということがコーチングの基本なのです。**

その構え（スタンス）を、まずは先生が持つことです。「また遅刻したのか？」「なぜ宿題をやってこなかった！」と、どんなに叱っても、怒鳴っても、これまで子どもを変えることは難しかったのではありませんか？ 先生の一方的な指導が子どもを変えられないなら、思い切ってこれまでやっていた機能しないやり方を変えてみてはいかがでしょうか？ 次に紹介する例は、コーチングと出会い、軽い気持ちでとりあえず使ってみようと思われた先生の話です。

その先生は、ある日宿題をしてこないことが多い子どもに、叱るのをやめて、こう聞いてみたそうです。「宿題をしてこない日が多いけど、どうしてかなぁ？」

子どもは、最初はうつむいて何も答えなかったのですが、先生が怒っているわけではないとわかったのか、ポツポツと家の事情を話し始めたそうです。この先生は自分がしゃべりたくなる気持ちを抑え、ここは何としてもじっくり聞こうと自分に言い聞かせ、うなずきながら、子どもの話をしっかり聞きました。

そうすると、叱ろうとか指導しようとかいう気持ちはどこかに消えてしまっていて、聞き終わって最初にかけた言葉が「そうか、○○ちゃん大変だったんだね！」という静かな一言でした。これまでにない先生の言葉を聞いた子どもは泣き出してしまったそうです。先生も予想外の子どもの反応の変化に、内心ビックリしたそうです。

先生の対応に変化が生まれて以来、たまに宿題をやってこない日もあるのですが、その子なりに宿題に取り組む姿が目に見えて変わったということです。そして、宿題だけでなく、授業中の態度も前向きになり、その変化の大きさに、「とりあえずコーチングを使ってみよう」と思っていた先生のほうが戸惑っているという報告をいただきました。

このようにコーチングは単なるスキルではないのです。立ち位置を整えることが、コーチングを始める第一歩です。

先生はどっしりと構え、**「この子には自分の問題を解決する力がある。何が何でも、子どもの問題は子ども自身に解決させる」という強い軸を確立してください。その覚悟があれば、コーチングのスキルを学ぶことはさほど難しいことではありません。**

5 子どものことは子ども自身が知っている

おそらく私たちのほとんどは、幼いころ親に「怒られた」経験を持っていると思います。「叱られた」ではなく「怒られた」です。親も人間ですから、子育てしながらも、不機嫌な時や時間に追われた時、また自分自身の問題で心が苛《さいな》まれている時もあります。ですから、つい感情的になって怒ることもありますし、理不尽な怒り方をすることもあるでしょう。そういう状況を、子どもだった私たちは無意識のうちにわかっていたのではありませんか？

「こんなにひどく怒られなくてはいけない理由は何？」

「なぜそんなひどい言い方をするの？」

もし、自分の気持ちをちゃんと表現ができる子どもだったら、親を問い詰めていたかもしれません。しかし、そんなことをしたら、ますますひどく怒らせることになるはずで、子どもは黙って耐えていることが多いと思います。日本では子どもを一人の人格として見る習慣がほとんどありませんので、怒られっぱなしで終わるわけです。

しかし、子どもはこう思うわけです。

「ちゃんと話してくれたらわかるのに」

言葉でうまく表現できないかもしれませんが、子どもには子どもなりの考えや感情があります。子どもが自分の言葉を使って自分の気持ちを表現できない理由は、大人がそうさせてこなかったからだと思います。

親からの会話の特徴に、一方通行の指示命令がほとんどであることが挙げられます。でも、子どもは指示命令されなくても、自分自身の答えを持っています。ただ子どもがそれに気づいていないだけなのです。

頭の中にある漠然としたものを気づかせるためには、子どもに問いかけ、その子の眠っている答えや能力を語らせることが大事なのです。

その過程を経て、初めて自分自身の考えや可能性に気づきます。双方向コミュニケーションとしてのコーチングが子どもの潜在能力を発揮させるのです。

6 コーチングで先生も成長する

コーチングは「相手の目標を達成する」ツールであると同時に、相手を育てるスキルでもあります。先生にコーチングをベースにした対話ができるようになると、実はうれしいおまけがついてきます。それは、人を育てる行為は、実は自分自身を育てているのと同じことでもあるので、先生も成長するというおまけです。

コーチングの特質の一つとして、問われた質問に対して「より多くの選択肢を考えさせる」というのがあります。その複数の回答の中から、どの優先順位に従って選択するかをさらに考えます。複数の回答が出た段階で「ではどれから始めますか」ではないのです。「どんな優先順位で選びたいか?」を確認する必要があります。

例えば、「一番やりやすいのはどれ?」「最初に効果が出そうなのは」「一番やりたいのは?」「今すぐにできそうなものは?」など、優先順位も一つではありません。そこを確認して、ようやく「何をする?」になるのです。

コーチングを受けた子どもが目標を達成するには、決めたことをちゃんとやり遂げる必要があります。「やります」や「やりたいです」とその場で言っただけの約束をして「じゃ、がんばってやりましょう」では、目標を達成するのは難しいはずです。

例えば、子どもが「将来は宇宙飛行士になりたい」と言ったとします。なぜ宇宙飛行士になりたいのか、その子の「動機」を聞くことに時間をかけて一緒に確認する作業を行います。そして、その子が「なぜ自分は宇宙飛行士になりたいと思っているのか」が腑に落ちたら、そのために何に取り組まなければいけないのかを考える質問を投げかけます。

この二つの大きな質問に対して、大人から見ると「突拍子もない」と思えるような回答が出ることがよくあります。そういう時に、コーチとしての資質が問われます。コーチ側の価値観や体験からの意見をつい言いたくなることもあるからです。でも、これからの課題を解決し、目標を達成するのは子ども自身です。

コーチに必要な立ち位置は、中立的な立場を守ることです。自分の価値観や、感情

に左右されず、目の前の出来事を事実として冷静に捉えることです。ここまでのコーチングの作業で、どれくらいの忍耐力や偏りのない対応が求められるか少しおわかりいただけたのではないかと思います。

実は、こういう一連の作業が、先生にも非常によい効果をもたらしてくれます。先生も冷静に自分自身の振り返りをするようになるからです。

忍耐強く子どもを育てることが自分自身の成長にもつながってきます。つまり、コーチングを実践することで、先生にも、子どもにも、成長の機会が与えられるのです。筆者（原田）自身が未熟なコーチから、プロのコーチとしてコーチングに携われるようになったのも、コーチングで、自分の未熟さとしっかりと向き合ってきたからだと思っています。

それはクライアントにコーチングをするという形を通して、自分自身がコーチングされていたという感覚です。何があっても、冷静に第三者の目を忘れずに、ものごとの事実を見るという習慣を身につけられたと思います。まさにクライアントあってこそのことなのです。今思えば、未熟なコーチによく付き合ってくれたものだと、彼らには感謝してもしきれません。

最初はぎこちない聞き方や問いかけかもしれません。それでも、相手に答えがあるのだという立ち位置さえ失わないで、ひたすら問いかける努力を継続してみてください。

「あなたは、きっと目標を達成する人ですよ」というメッセージが伝わっていれば、普段の会話をするようにコーチングができるようになると思います。

おわりに

「コーチングをつかってみよう」として、実践してみると、先生方も変わることができます。それは、コーチングを意識することで自分をメタ認知できるようになり、自分自身が冷静になれるからです。つまり感情的にならずに済むのです。これはプロとして教師という仕事をする上でとても大事なことです。

親子であれば、むしろ感情丸出しでけんかをすることがあってもかまいません。親子にはそれだけの絆がありますから。でも、教師と子どもは、他人であり、学校という公的な空間における職務上の関係にあります。もちろん、縁あって一生続く関係になることもありますが、基本的には1年間ないしは数年間の関係であり、クラスが変わったり、卒業してしまったりすればその関係は終わるのが一般的な関係です。

教育のプロであるということを自覚していれば、子どものためと言って、横暴な指導などできるはずはないでしょう。先生は冷静に客観的に自分を捉え、子どもと接する必要があるということです。間違っても、体罰が横行していた時代の先生には戻ってほしくありません。冷静に俯瞰して子どもの状況を捉えられるようになると、先生自身も自分のことを俯瞰できるようになるので、結局、周りからは先生が変わったように見えるのです。

ただし、先生方がこの本一冊でコーチングが使えるようになるのは正直言って難しいです。まして、問題行動の解決までは望めません。先生方にわかっていただきたかったことは、**「どの子どもも自立できる力をもっている。それを可能にするのは、先生の力である。こちらから先に答えや意見を言うのではなく、まずは、じっくり子どもの話を聞いてあげよう。子どもがどんな状態にあっても、承認することを忘れない」**というシンプルなことです。

本書を読んで、これまでとは立ち位置を変えようと先生方が思ってくだされればその変化に子どもたちは反応すると思いますし、結果はついてくると思っています。そして、もしこの先、さらに先生方がコーチングを学びたいのであればもっと専門的な本を読んでいただくと、より深く理解できるのでお勧めです。

さて、本書を刊行するにあたって、学事出版の町田春菜さんにはたいへんお世話になりました。縁あってお仕事をさせていただく機会が多いのですが、本書についても本の方向性や構成等、親身になってアドバイスしていただき、世に出してもらうことができました。感謝の気持ちでいっぱいです。厚く御礼申し上げます。

本書が学校現場で活躍される先生方の力となることを私たちは願っています。

2017年4月　片山紀子・原田かおる

引用・参考文献

・アンディ・ハーグリーブス（木村優・篠原岳司・秋田喜代美訳）『知識社会の学校と教師　不安定な時代における教育』金子書房　2015年
・伊藤守・鈴木義幸・金井壽宏『神戸大学ビジネススクールで教えるコーチング・リーダーシップ』27～29頁　ダイヤモンド社　2010年
・インスー・キム・バーグ、イボンヌ・ドラン『解決の物語　希望がふくらむ臨床事例集』金剛出版　2003年
・インスー・キム・バーグ、ピーター・ザボ『インスー・キム・バーグのブリーフコーチング入門』創元社　2007年
・エドワード・L・デシ、リチャード・フラスト『人を伸ばす力　内発と自律のすすめ』新曜社　1999年
・角田豊・片山紀子・小松貴弘『子どもを育む学校臨床力―多様性の時代の生徒指導・教育相談・特別支援』創元社　2016年

・片山紀子『新訂版 入門 生徒指導―「生徒指導提要」から「いじめ防止対策推進法」まで』学事出版　2014年
・片山紀子編著・森口光輔著『誰のため？ 何のため？ できてるつもりのアクティブラーニング』学事出版　2016年
・片山紀子『アメリカ合衆国における学校体罰の研究―懲戒制度と規律に関する歴史的・実証的検証―』風間書房　2008年
・黒沢幸子・森俊夫・元永拓郎『明解！ スクールカウンセリング　読んですっきり理解編』金子書房　2013年
・国立教育政策研究所「平成24年度プロジェクト研究調査研究報告書　教育課程の編成に関する基礎的研究報告書5　社会の変化に対応する資質や能力を育成する教育課程編成の基本原理」2013年3月
・ジョン・ウィットモア『はじめのコーチング 本物の「やる気を」引き出すコミュニケーションスキル』ソフトバンクパブリッシング株式会社　2003年
・W・T・ガルウェイ『新インナーゲーム』日刊スポーツ出版社　2000年
・原口佳典『100のキーワードで学ぶコーチング講座』創元社　2010年

・森俊夫・黒沢幸子『〈森・黒沢のワークショップで学ぶ〉解決志向ブリーフセラピー』ほんの森出版　２００２年

・森俊夫『先生のためのやさしいブリーフセラピー　読めば面接が楽しくなる』ほんの森出版　２０００年

・森俊夫『〝問題行動の意味〟にこだわるより〝解決志向〟で行こう』ほんの森出版　２００１年

・文部科学省「教育課程企画特別部会論点整理」２０１５年8月26日

・八尾坂修・片山紀子・原田かおる『教師のためのコーチング術』ぎょうせい　２０１６年

・吉田圭吾『教師のための教育相談の技術』金子書房　２００７年

・Jill Blackmore, Big change Questions, Can We Create a Form of Public Education that Delivers High Standards for All Students in the Emerging Knowledge Society? Journal of Educational Change,1,2000,pp.381-387.

執筆担当
１章　片山、２章　原田、３章　片山・原田、４章　片山・原田、
５章１～３　片山、５章４～６　原田

編著者：片山 紀子（かたやま・のりこ）

奈良女子大学大学院人間文化研究科比較文化学専攻博士後期課程修了、博士（文学）。

現在、京都教育大学大学院連合教職実践研究科生徒指導力高度化コース教授。

著書に『新訂版 入門生徒指導』（学事出版・単著）、『アメリカ合衆国における学校体罰の研究』（風間書房・単著）などがある。

講演・研修等のお問い合わせ：noriko@kyokyo-u.ac.jp

著者：原田 かおる（はらだ・かおる）

広島女学院大学文学部英米文学科卒業。ICF（国際コーチ連盟）認定アソシエートコーチ。

1990年から産業翻訳のかたわら、アジア開発銀行会議などで通訳を経験。英語指導の過程でコーチングと出合う。現在は、プロコーチとして「リーダー育成研修」「学校管理職マネジメント研修」などコーチングを使った人材育成に携わっている。

著書に『教師のためのコーチング術』（ぎょうせい・共著）がある。

講演・研修等のお問い合わせ：harada@potential-act.com

知《し》ってるつもりのコーチング
苦手意識《にがていしき》がなくなる前向《まえむ》き生徒指導《せいとしどう》

2017年５月15日　初版発行

編著者――片山紀子　　著　者――原田かおる
発行者――安部英行
発行所――学事出版株式会社
〒101-0021　東京都千代田区外神田２－２－３
電話 03-3255-5471　http://www.gakuji.co.jp

編集担当　町田春菜
装　　丁　中村泰宏
イラスト　松永えりか
印刷製本　研友社印刷株式会社

ISBN978-4-7619-2327-3 C3037